Ulrich Ravens

Die geheime Kraft der

Zwiebel

MidenA

Ulrich Ravens

Die geheime Kraft der
Zwiebel

Verblüffend einfache Rezepte
für Gesundheit und Wohlbefinden

MIDENA

Inhalt

Die Zwiebel gehört zu den ältesten Kulturpflanzen. Bereits die alten Römer wussten um die Vorzüge dieser Pflanze und brachten sie in die Länder nördlich der Alpen.

Was Sie über die »Geschwister« der Zwiebel wissen sollten, lesen Sie auf den Seiten 18ff.

Alles über die Zwiebel als Hausmittel finden Sie auf den Seiten 67ff.

Zwiebelrezepte 96

Leckerbissen und Gesundbrunnen für Feinschmecker 96

So vielfältig wie sich die verschiedenen Zwiebelsorten optisch präsentieren, so vielfältig sind sie auch in ihren Geschmacksnuancen: Die Palette reicht von leicht süßlich bis zart würzig.

Vorwort

Ein Buch über die Heilkraft der Zwiebel? Die Zwiebel soll Heilkraft besitzen?, werden Sie fragen. Viele Menschen kennen und nutzen Heilkräuter und Heilpflanzen für ihre Gesundheit – aber wie passt die Zwiebel dazu? Zwiebeln und Tränen, das passt zusammen – aber heilende Kräfte?

Und doch sind Zwiebeln ein Gemüse mit verblüffenden Eigenschaften. Bereits unsere Vorfahren wussten, dass man ihre Heilkraft nutzen kann, doch in der heutigen Zeit scheint dieses Wissen abhanden gekommen zu sein.

Eine Gewürzpflanze macht Karriere

Die Zwiebel gehört zu den ältesten Gemüsen und Würzmitteln, die die Menschheit kennt. Seit mehr als fünf Jahrtausenden nutzen Menschen die Zwiebel als Nahrungs- und Heilmittel.

Die Zwiebel ist es wert, dass man sich mit ihr beschäftigt, denn sie ist eine uralte Pflanze mit einer langen Tradition. Seit mehr als 5000 Jahren nutzen Menschen aller Kulturkreise die Zwiebel sowohl als Nahrungs- wie auch als Heilmittel. Vom alten Orient aus hat sie ihren Eroberungszug um die Welt angetreten. Und das sehr erfolgreich, denn ihre zahlreichen positiven Wirkungen auf die Gesundheit wurden schon von den Menschen im Altertum hoch geschätzt.

Als Arzneipflanze erlebte sie in den Klostergärten des Mittelalters eine Renaissance. Die Kräuterbücher des 12. bis 17. Jahrhunderts haben die Erfahrungen der Heilkundigen aus der Antike wieder aufgegriffen und weitergegeben. Später hat die traditionelle Volksheilkunde dieses Wissen genutzt und noch in der Hausapotheke unserer Großeltern hatte die Zwiebel ihren festen Platz.

Anliegen dieses Buches ist es, die Vorzüge der Zwiebel einmal von allen Seiten auszuleuchten. Denn interessanterweise haben auch die Wissenschaftler die Zwiebel inzwischen entdeckt und konnten ihr zahlreiche gesundheitsfördernde Eigenschaften nachweisen. Es sind die früher als nutzlos angesehenen sekundären Pflanzeninhaltsstoffe, die diese Effekte bewirken.

So weiß man heute, dass die Zwiebel einigen Krankheiten vorbeugen und bei manchen die Heilung unterstützen kann.

Gesundbrunnen und kulinarischer Genuss

Die Zwiebel ist überall auf der Welt ein geschätztes und viel verwendetes Gemüse, was viele Rezepte belegen. Aber auch in dieser Beziehung hat sie sich unsere Breitengrade erst erobern müssen. Das sie heute gefragter ist denn je, zeigen die zahlreichen Zwiebelsorten, die inzwischen auf unseren Märkten angeboten werden.

Dieses Buch soll allen Zwiebelliebhabern und solchen, die es werden wollen, eine nützliche Hilfe sein. Es versteht sich als ein Porträt der Zwiebel, wobei der Schwerpunkt auf ihrer Wirkung als Heilmittel liegt.

Die Zwiebel ist heute aus unserer Küche nicht mehr wegzudenken – dies war jedoch nicht immer so.

Wer wollte da noch behaupten, Zwiebel sei gleich Zwiebel? Kein Wunder, dass die gesunde Knolle mittlerweile auf der Beliebtheitsliste der Gemüse ganz oben steht.

Die Zwiebel als Heil- und Nutzpflanze

Die Frühlings- oder Lauch- zwiebel gibt es inzwischen das ganze Jahr über zu kaufen.

Bereits vor über 4000 Jahren wur- den Zwiebelgewäch- se als »Kraftfutter« für die Handwerker und Sklaven, die König Cheops' gigantische Pyramide errich- teten, verwendet.

Die Zwiebel – eine Pflanze mit Tradition. Kein ande- res unserer Küchenkräuter ist mit so viel Geschich- te, Magie und Verehrung verknüpft, hat einen so viel- fältigen Nutzen wie die Zwiebel. Unschlagbar in der Vielfalt ihrer Anwendungen ist sie Nahrung und Heil- kraut, Gewürz und Arzneipflanze. Seit ein paar Jah- ren untersucht auch die Wissenschaft die vorbeu- genden und heilenden Wirkungen dieses Gemüses. Dabei haben sich Erfahrungen aus der Überlieferung und der Volksmedizin bestätigt. Grund genug, dieses geheimnisvolle Würzgemüse einmal genauer unter die Lupe zu nehmen.

Die Rolle der Zwiebel im alten Orient

Die Zwiebel ist eine der ältesten Kulturpflanzen der Mensch- heit. Als Heil-, Würz- und Nahrungsmittel wurde sie und die mit ihr verwandten Arten Lauch und Knoblauch schon von den Völkern des alten Orients geschätzt, kultiviert und angebaut – das war bereits vor mehr als 5000 Jahren.

Im Reich der Sumerer in Vorderasien waren Zwiebeln, Lauch und Knoblauch die wichtigsten Gemüsepflanzen und auch im alten Ägypten wurden Zwiebeln und Lauchgewächse angebaut und als Gemüse und Heilpflanzen genutzt. So berichtete der Grieche Herodot, der um 450 v. Chr. Ägypten bereiste, von einer Inschrift an der damals schon 2000 Jahre alten Cheops- pyramide. Sie besagt, dass man damals 1600 Silbertalente für

Zwiebeln, Rettich und Knoblauch für die Arbeiter ausgegeben hat. Historiker haben sich die Mühe gemacht und die von Herodot berichtete Summe auf heutige Verhältnisse umgerechnet und sie kamen dabei auf die beachtliche Summe von fast 17 Millionen Mark.

Obwohl die Angaben von Herodot umstritten sind – manche meinen, er sei vom Übersetzer beschwindelt worden –, gilt doch als sicher, dass Zwiebeln, Rettich und Knoblauch im alten Ägypten mehr als nur gewöhnliche Gemüse waren.

Magische Kräfte

Den Lauchgewächsen wurden magische Kräfte zugesprochen und es ist daher anzunehmen, dass die vorbeugenden und antibiotischen Wirkungen der Laucharten schon damals bekannt waren. Wahrscheinlich wurden die Arbeiter mit Zwiebeln und Knoblauch ernährt, um sie gesund und damit arbeitsfähig zu erhalten. Man muss sich vorstellen, dass 360 000 Menschen rund 20 Jahre lang mit dem Bau der Pyramide beschäftigt waren. Bei den damaligen klimatischen Verhältnissen und den hygienischen Problemen, die ein solches Heer von Arbeitern verursachte, war die Ausgabe von Zwiebeln und Knoblauch eine absolut fortschrittliche Art der »Gesundheitsvorsorge am Arbeitsplatz«.

Auszug aus Ägypten

Schließlich lernten auch die Israeliten von den Ägyptern Zwiebel, Lauch und Knoblauch kennen und schätzen. So steht es zumindest im Alten Testament. Denn als Moses sein Volk aus der ägyptischen Gefangenschaft in das verheißene Land Kanaan führte, beklagte man anfangs den Verlust des geschätzten Gemüses. Auch die später aus dem Orient nach Ost- und Mitteleuropa eingewanderten Juden bewahrten die Wertschätzung für Zwiebel und Knoblauch.

Ob die Angaben Herodots richtig sind, ist umstritten. Sicher ist jedenfalls, dass die Verköstigung der Arbeiter mit Zwiebeln und Knoblauch als fortschrittliche »Gesundheitsvorsorge am Arbeitsplatz« bezeichnet werden kann.

11

In der Antike waren die verschiedenen Knollengewächse besonders beliebt – schrieb man ihnen doch neben anderen Heilwirkungen auch eine Steigerung der Potenz und der Libido zu.

Zwiebeln – begehrt bei Griechen und Römern

Zwiebel und Knoblauch sind wahrhaft »sagenhafte« Knollen. Bereits Homer misst ihnen magische Kräfte zu.

Die Griechen haben ebenfalls ihr Wissen über die Arzneiwirkungen der Zwiebelgewächse aus dem Vorderen Orient übernommen. Der griechische Arzt Hippokrates, der um 400 v.Chr. lebte und noch heute als Vater der Heilkunst verehrt wird, hat daraus Salben gegen Vereiterungen hergestellt, diese Gewächse aber auch als harntreibend und zum Abführen empfohlen.

Ein Beweis für das hohe Ansehen der Laucharten ist zudem, dass sie in die Mythen der alten Griechen Eingang gefunden haben. Im Werk von Homer finden Knoblauch und Zwiebel als Wunderpflanzen oder als Metapher Erwähnung. So verhindert Knoblauch, dass die Zauberin Kirke Odysseus in ein Schwein verwandeln kann; und einmal trägt der weit gereiste Held eine Tunika, die als so »fein wie das Häutchen um die trockene Zwiebel« beschrieben wird.

Was den Griechen längst bekannt war, gelangte schließlich auch zu den Römern. Von Plinius (24–79) erfahren wir, dass die Römer Zwiebeln, Knoblauch, Lauch und Schnittlauch angebaut und als Würz- und Arzneipflanzen genutzt haben. Der weit gereiste römische Offizier hat eine enzyklopädische Na-

12

turgeschichte hinterlassen, die auch Auskunft über medizinische Anwendungen gibt. So wurden Zwiebeln seinerzeit gegen Asthma, Husten, Rheuma, Diabetes, Herzkrankheiten, Insektenstiche und Hundebisse angewandt. Die Römer entdeckten aber auch den Wert der Gewächse bei gynäkologischen Beschwerden, zum Beispiel zur Geburtshilfe oder bei Menstruationsstörungen. Überliefert ist außerdem, dass Knoblauch und Zwiebeln als Mittel zur Empfängnisverhütung und Abtreibung eingesetzt wurden.

Aphrodisische Eigenschaften

Lauchgewächse waren im Altertum als Potenzmittel begehrt und wurden zur Steigerung der Libido verwendet. Die Zwiebel »erweckt Begierden und lockt Tränen ins Auge«, berichtet der Historiker Plutarch.

»Toll trieben es die alten Römer« – jedenfalls, wenn man den zeitgenössischen Überlieferungen Glauben schenken darf.

Während viele Menschen Zwiebel und Lauch nur als Nahrungsmittel nutzten, wussten manche schon die geheimnisvollen Kräfte der Zwiebelgewächse zu schätzen. Man griff zum Lauch, um »die Fruchtbarkeit der Weiber zu vermehren und den Geschlechtstrieb zu fördern«, und Schnittlauch hatte den Vorteil, »zum Beischlaf zu reizen«. Wenn das alles nichts half, war eine Knoblauchkur unvermeidlich, denn, obwohl man in feineren römischen Kreisen über den Geruch der Knolle die Nase rümpfte, als Liebesdroge war sie äußerst wirkungsvoll. In der berühmten »Liebeskunst« des Dichters Ovid wird die weiße Zwiebel ausdrücklich als Potenzmittel empfohlen.

Heilsame Wirkung

Doch es soll auch erwähnt werden, dass von römischen und griechischen Ärzten in der Antike bereits Heilwirkungen der Laucharten beschrieben worden sind, die sich bis in die Volksmedizin der Gegenwart gehalten haben. So ist von dem römisch-griechischen Schiffsarzt Dioskurides, der etwa zur glei-

13

chen Zeit wie Plinius lebte, eine Arzneimittellehre überliefert, deren Einfluss bis ins Mittelalter reichte. Darin schreibt er, dass die Zwiebel scharf wirkt, gut für trockene Augen ist und als Augensalbe verwendet wird. Sie soll feuchte Hautstellen austrocknen und äußerlich bei Schlangenbissen helfen. Wenn man zu viel davon isst, macht sie allerdings durstig und kann einen dumpfen schmerzenden Kopf verursachen.

Die Zwiebel vom Mittelalter bis zur Neuzeit

Die heilkundlichen Schriften aus der Antike waren vermutlich auch den Mönchen im Mittelalter bekannt. Sie kultivierten Lauchgewächse in ihren Klostergärten als Genuss- und Heilmittel.

Über die Römer kamen Zwiebel und Knoblauch auch zu den Germanen. Doch die wussten offenbar mit den neuen Würzpflanzen wenig anzufangen, denn es ist darüber von ihnen nichts überliefert. Erst im Mittelalter wurden in den Klostergärten Zwiebeln und Knoblauch angebaut und als Genuss- und Heilmittel verwendet.

Odo von Meung, ein Arzt und Schriftsteller, der Ende des 11. Jahrhunderts lebte, behauptet in seiner Schrift »Macer Floridus«, dass Zwiebeln dem Magen nützlich sind und zu einer gesunden Hautfarbe verhelfen. Weiter schreibt er, dass eine Zwiebel täglich gesund hält und gut gegen Verstopfung und den Biss tollwütiger Hunde ist. Zwiebeln sollen gegen Schnupfen, schlechtes Sehen, Mundgeruch, Karies und Mundgeschwüre wirken. Zwiebelsaft auf die Glatze gerieben, lässt die Haare wachsen und mit Muttermilch vermischt, helfen sie bei Schlaganfall und Sprachverlust. Ähnliche Anwendungen beschreibt auch der maurische Autor Serapion junior in seinem »Libro Agrèga«, einem Drogenbuch von 1290. Die Zwiebel, heißt es da, ist in der Lage die Körpergänge zu öffnen, sie ruft Harnfluss hervor und hilft beim Einschlafen. Sie wirkt gegen Schnupfen, Halsschmerzen und Verstopfung, gegen Sehschwäche und Mandelentzündung. Außerdem seien Zwiebeln gut gegen Lustlosigkeit und Depressionen.

Lob der Zwiebel in Arznei- und Kräuterbüchern

Nach der Erfindung der Buchdruckerkunst 1440 erschienen bald auch zahlreiche Kräuter- und Arzneibücher, die sich bis ins 17. Jahrhundert großer Beliebtheit erfreuten und teilweise in hohen Auflagen verbreitet wurden. Der kaiserliche Leibarzt Petrus Andreas Matthiolus landete 1554 mit seinem »Kreutterbuch« sogar einen Bestseller mit 32 000 verkauften Exemplaren. Zu den Erfolgsbüchern der Zeit gehört auch der »Gart der Gesuntheit« des Johann Wonnecke von Kaub aus dem Jahre 1485, ein Text der bis weit in die Goethezeit wirkte. Der Autor schreibt über die Zwiebel, dass sie gut gegen Wassersucht und Schwellungen, als Saft gegen Warzen und Hämorrhoiden ist. Mit Honig gemischt, hilft sie bei Magenschmerzen und auf fehlsichtige Augen gestrichen, führt sie zu klarem Sehen.

Mit der Erfindung des Buchdrucks erschienen auch die ersten »Ratgeber«.

Ab dem Mittelalter wurde das Wissen um die Heilkraft der Zwiebel in den Klöstern erstmals schriftlich festgehalten, um es der Nachwelt zu überliefern.

Zwiebeln fördern das Haarwachstum und mit Essig vermischt, wirken sie gegen unreine Haut und beginnende Lepra. Auch vor Nebenwirkungen wird gewarnt. In zu großen Mengen genossen, schädigen sie den Magen, machen appetitlos und bringen Winde.

Auch Matthiolus' Kollege Adam Lonitzer äußerte sich in seinem 1557 erschienen »Kreutterbuch« voll des Lobes für Allium cepa.

Auch das »Kreutterbuch« des Frankfurter Botanikers Adam Lonitzer von 1557 erlebte noch hundert Jahre später eine Neubearbeitung durch Peter Uffenbach (Ulm 1679). Über die Zwiebel (Kapitel 248) wissen Autor und Bearbeiter beeindruckende Wirkungen zu berichten, wobei ausgeklügelte Rezepturen für bestimmte Anwendungen auffallen. Roh gegessen ist die Zwiebel auswurffördernd und magenreinigend, wirkt gegen Verstopfung und regt den Harnfluss an. Gebratene Zwiebeln morgens und abends helfen bei Bronchitis und Asthma, mit Honig vermischt bei Magenschmerzen. Ausgepresster Zwiebelsaft lässt sich bei den unterschiedlichsten Beschwerden einsetzen. Mit Wasser verdünnt vertreibt er Spulwürmer bei Kindern, in die Ohren geträufelt Ohrensausen. »Saft in die Nase getan treibt den Schleim aus dem Hirn« und auf die Glatze gestrichen fördert er den Haarwuchs.

Dass man Zwiebeln nicht nur erfolgreich in der Küche verwendet, sondern sie auch in verschiedenen Krankheitsfällen einsetzt, wußten bereits unsere Vorfahren.

Zwiebeln mit Feigen zerstoßen führen zum Reifen der Furunkel, Zwiebeln mit Salz vermischt ätzen Warzen bis auf den Grund heraus. Gegen Kopfgrind wird eine Salbe aus Zwiebeln, Schweineschmalz, Lorbeeren und Quecksilber empfohlen. Bei Mittelohrentzündung tropft man Zwiebeln mit Honig, Raute und Salz gemischt in die Ohren. Alkoholisches Zwiebelwasser hilft gegen Sprachverlust, bei Kopfschmerzen und Karies. Bei Koliken durch Harnsteine soll sich ein Destillat aus jungen Zwiebeln bewährt haben und gegen Hämorrhoiden helfen Zwiebelzäpfchen. Aber Zwiebeln, so warnt der Autor, machen Durst und beim allzu reichlichem Genuss besteht die Gefahr in Lethargie, Depression und Lustlosigkeit zu versinken. Auch in diesem Arzneibuch treffen wir auf den Hinweis, dass Choleriker Zwiebeln meiden sollten, Phlegmatikern hingegen wird zum Verzehr geraten.

So weit einige Kostproben aus alten Arznei- und Kräuterbüchern. Geschrieben von Ärzten und Naturforschern der Zeit, berichten diese Bücher immer wieder über den therapeutischen Nutzen der Lauchgewächse. Zwiebeln und Knoblauch galten als wirksames Mittel gegen Pest und Krätze, Husten, Asthma, Rheuma und Wurmbefall. Auch die wassertreibende und verdauungsfördernde Kraft der Würzpflanzen war allgemein anerkannt. Im Grunde handelt es sich also um medizinische Anwendungen mit einer langen Tradition, die weitgehend schon im Altertum bekannt waren.

Viele der alten Anwendungen haben sich in der Volksmedizin und als Hausmittel bis heute gehalten. Und wir werden im Folgenden sehen, dass die Heilkraft der Zwiebel sogar auf nachgewiesenen pharmakologischen Wirkstoffen beruht. Ihre gesundheitsfördernden Eigenschaften haben heute den Segen der Wissenschaft, denn sie sind in vielen Untersuchungen eindrucksvoll bestätigt worden. Wer Zwiebeln isst, tut viel für seine Gesundheit.

Die Erkenntnisse der antiken und mittelalterlichen Heilkundler, Ärzte und Autoren haben heute den Segen der Wissenschaft.

Kleines botanisches Zwiebelallerlei

Wohlschmeckende Verwandte der Zwiebel sind Schnittlauch und Knoblauch.

Die jahrtausendealte Gemüse- und Gewürzpflanze Zwiebel, die wohl ursprünglich aus Mittelasien stammt, ist heute in der ganzen Welt verbreitet. Die botanische Bezeichnung der Zwiebel ist Allium cepa. Sie gehört zur Familie der Liliengewächse; es sind mehrere hundert Alliumarten bekannt; auch Knoblauch, Bärlauch, Lauch (Porree) und Schnittlauch zählen dazu. Sie sind als Würz- und Gemüsepflanzen ebenfalls schon im Altertum nachgewiesen. Ihnen wurde – wie auch der Zwiebel – immer schon eine heilende und vorbeugende Wirkung zugesprochen. Die gilt insbesondere für den Knoblauch, der vielleicht aufgrund seiner durchdringenden Duftstoffe eine besondere Rolle in der antiken Medizin und später in der Volksmedizin gespielt hat. Bärlauch und Schnittlauch sind übrigens die einzigen genießbaren Zwiebelarten, die noch wild vorkommen; andere wild wachsende Zwiebelgewächse sind in der Regel ungenießbar.

Heute sind einige hundert Alliumarten bekannt; dazu gehören neben der Zwiebel auch Knoblauch, Bärlauch, Porree und Schnittlauch.

Zwiebel und Zwiebelgewächse

Alle Alliumarten haben den charakteristischen Lauchgeschmack, der auf schwefelhaltige Gewürzstoffe, die so genannten Alliine, zurückzuführen ist. Flüchtige Schwefelverbindungen lösen auch den bekannten Tränenfluss aus, der je nach Alliumart mehr oder weniger stark ausgeprägt ist. Diese sofort auftretende Wirkung findet ihren Niederschlag auch in volkstümlichen Redewendungen. So bedeutet die Redensart: »Weinen, bevor die Zwiebel geschält ist«, sich über etwas aufregen, was noch gar nicht geschehen ist.

Obwohl hier das Hauptaugenmerk auf der Zwiebel liegt, sollen die wichtigsten Alliumarten kurz vorgestellt werden, da ihnen eine vergleichbare Heilwirkung wie der Zwiebel nachgesagt wird.

Bärlauch

Bärlauch (Allium ursinum) kommt in ganz Europa und Vorderasien als wild wachsendes Kraut vor. Im Volksmund hat er viele Namen und wird zum Beispiel Bärenlauch, Hexenzwiebel, Judenzwiebel, Waldknoblauch, Wurm- oder Zigeunerlauch genannt. Bärlauch wächst besonders an schattigen, feuchten Standorten, bevorzugt in Buchen- und Laubmischwäldern mit humusreichem Boden, oft in dichten ausgedehnten Beständen. Wenn Sie auf Waldspaziergängen im Mai und Juni einen intensiven Knoblauchgeruch wahrnehmen, bedeutet das, dass der Bärlauch blüht; er wird etwa 20–25 cm hoch und bildet eine reichblütige Scheindolde mit schneeweißen Blüten aus.

Vorsicht beim Sammeln: Bärlauchblätter kann man leicht mit denen des giftigen Maiglöckchens verwechseln. Untrügliches Unterscheidungsmerkmal: der intensive Knoblauchduft.

Bärlauch ist in der Volksmedizin ein überaus beliebtes Kraut und hat ähnliche Inhaltsstoffe wie der Knoblauch, wird diesem aber oft wegen der geringeren Reizwirkung vorgezogen. Als Hausmittel hat Bärlauch eine lange Tradition und wird besonders bei Magen- und Darmstörungen sowie bei Appetitlosigkeit verabreicht. Außerdem soll er gegen Arteriosklerose und Bluthochdruck helfen.

Beliebt ist Bärlauchkraut auch in der Küche zum herzhaften Würzen von Suppen, Salaten und Quarkspeisen. Er regt die Verdauung an und ist gut für Galle, Leber, Magen und Darm.

Bärlauchkraut sollte man nur frisch – im Frühjahr – verwenden, getrocknet hat es keine Wirkung. Doch Vorsicht beim

19

Sammeln: Die Blätter des Bärlauchs kann man leicht mit denen des giftigen Maiglöckchens verwechseln. Aber der intensive Knoblauchgeruch beim Zerreiben der Bärlauchblätter ist ein sicheres Unterscheidungsmerkmal. Die längliche Zwiebel des Bärlauchs kann im Herbst als Gewürz verwendet werden.

Knoblauch

An der »Stinkenden Rose«, wie die Griechen ihn nannten, scheiden sich – kulinarisch gesehen – seit jeher die Geister; unbestritten ist jedoch die heilsame und vorbeugende Wirkung der duftenden Knolle.

Knoblauch (Allium sativum) ist vielleicht die älteste Heil- und Würzpflanze, die wir kennen. So unbestritten seine heilende und vorbeugende Wirkung auch ist, seit alters hat die »duftende Zwiebel« Befürworter und Gegner. Wenn auch der Geruch die Geister scheidet, Knoblauch hat in der Volksmedizin und als Hausmittel seinen festen Platz gegen allerlei Beschwerden. Er hilft bei Magen- und Darmstörungen und beugt altersbedingter Arteriosklerose vor. In der Naturheilkunde wird er seit jeher bei der Behandlung von Bluthochdruck und Erkrankungen der Atemwege eingesetzt.

Auch die Wissenschaft hat inzwischen die Inhaltsstoffe des Knoblauchs und deren Wirkmechanismen erforscht. Er enthält die bakterientötende Substanz Alliin, die besonders krampfartige Darmbeschwerden lindert oder gar beseitigt. Man hat außerdem herausgefunden, dass Knoblauch gegen Blähungen hilft sowie entspannend auf Nerven und Gefäße wirkt. Den typischen Duft des Knoblauchs ruft Allizin, eine organische Schwefelverbindung, in Verbindung mit Sauerstoff hervor.

Neben dem natürlichen Antibiotikum Allizin enthält Knoblauch die Vitamine A, B1, Nikotinsäureamid und Vitamin C. Außerdem hat man pflanzliche Hormone entdeckt, die ähnlich wie männliche und weibliche Sexualhormone wirken. So scheint die Wertschätzung, die die Knolle in der Antike als Liebesdroge genoss, doch eine gewisse Berechtigung zu haben.

Dass Knoblauch neben all diesen positiven Wirkungen auch noch ein vortreffliches Gewürz ist, sollte für jeden Gaumenfreund Grund genug sein, ihn regelmäßig zu verwenden – Knoblauch verfeinert nämlich nicht nur fast alle Speisen, sie werden mit Knoblauch auch bekömmlicher.

Anbau und »Anatomie«

Knoblauch – im Volksmund Knofel, Knoflak oder Gruserich genannt – lässt sich problemlos im Garten anbauen. Man steckt im Frühjahr die Zehen in den Boden und kann dann im Herbst ernten. Obwohl der private Anbau kaum lohnt, schätzen manche Gärtner Knoblauch als natürliches Schädlingsbekämpfungsmittel; Fliegen und Läuse meiden ihn und damit auch die Nachbarpflanzen. Knoblauch kann jedoch ebenso von Schädlingen befallen werden.

Zur Erntezeit sollten Sie frischen Knoblauch verwenden; er ist saftiger und nicht so streng im Geschmack wie der alte.

Die Knoblauchzwiebel ist eine aus mehreren Zehen zusammengesetzte Knolle, die von einer weißen bis violetten Hülle umgeben ist. Eine Knolle kann aus vier bis 20 gekrümmten Zehen bestehen, von denen jede wiederum von einer Hülle geschützt ist. Aus der Zwiebel treibt im Frühjahr ein bis zu einem Meter hoher Blütenstängel, der nur im unteren Bereich lange, schmale zugespitzte Blätter trägt. Blütezeit ist von Juni bis August. Die langgestielten, weißrötlichen Blüten sind in einem doldenförmigen Blütenstand angeordnet, der von einem kapuzenähnlichen Hohlblatt umgeben ist, das später abfällt. Neben den Blüten sitzen etwa 20 bis 30 Blüten- oder Brutzwiebeln. Aus diesen Zwiebeln können neue Pflanzen entstehen; aber erst im zweiten Jahr entwickelt sich dann die typische zusammengesetzte Knolle.

Knoblauch hat in der Volksmedizin seit alters seinen festen Platz als Hausmittel.

Nach der Ernte wird Knoblauch mit den trockenen Strünken zu Zöpfen geflochten und in der Sonne getrocknet. Er lässt sich dann lange aufbewahren.

Lauch (Porree)

Auch der Lauch (Allium porrum), bei uns auch Breitlauch oder Porree bezeichnet, ist eine seit Urzeiten bekannte Gemüse- und Würzpflanze. Lauch kommt nicht wild wachsend in der Natur vor, sondern ist eine Züchtung, die ihre Wurzeln im Altertum hat. Schon die Römer und vor ihnen die Ägypter haben verschiedene Lauchsorten angepflanzt. Über ihre Heilwirkung ist wenig bekannt, aber der Lauch wird oft im Zusammenhang mit Knoblauch und Zwiebeln erwähnt. Geschätzt wurde die Pflanze bereits zu allen Zeiten als kräftigendes und gesundes Gemüse, besonders in der an frischem Gemüse armen Winterzeit. Heute ist Porree nahezu das ganze Jahr über erhältlich. Der Frühjahrs- oder Sommerporree ist zarter im Geschmack als der Winterporree. Lauch eignet sich hervorragend als Gemüse oder als Gewürz für Saucen und Suppen. Er ist reich an Vitamin C und Vitaminen der B-Gruppe und enthält viel Kalium und Eisen, jedoch nur 38 Kalorien (pro 100 g). Porree ist also ein ideales Gemüse für Menschen, die auf Kalorien achten müssen oder wollen.

Schnittlauch

Schnittlauch wurde schon im Altertum als Heilmittel und Küchengewürz geschätzt. Heute ist er ein beliebter und gesunder Vitaminspender in allerlei Speisen.

Schnittlauch (Allium schoenoprasum) ist – ähnlich wie Bärlauch – ein Blattgewürz. Man verwendet also nur die oberirdischen, röhrenartigen Blätter zum Würzen von Salaten, Suppen, Quark und Eierspeisen – ein mit Schnittlauch belegtes Butterbrot ist ein besonderes Schmankerl.

Schnittlauch enthält viel Vitamin C, mehr als beispielsweise die Zitrone, Karotin, Vitamin B2 sowie Mineralstoffe. Man kann ihn problemlos auf dem Balkon halten, indem man ihn im Frühjahr aus Samen zieht. Einfacher ist es, eine oder besser mehrere fertige Pflanzen zu kaufen. Denn obwohl die Blätter nachwachsen, sollte man ihn nicht zu oft und zu tief abschneiden. Wenn er blüht, verliert er an Aroma.

Das beliebte Würzkraut mit dem feinen Zwiebelgeschmack gilt in der Volksmedizin als harntreibend und Blut bildend; es wirkt appetitanregend und fördert die Verdauung. Im Mittelalter bezeichnete man Schnittlauch als Binsenlauch, je nach Landstrich wird er auch Brieslauch, Jakobszwiebel oder Schnittling genannt.

Zwiebel

Die Zwiebel (Allium cepa) ist eine ausdauernde Pflanze, die sich durch Samen oder Tochterzwiebeln vermehrt. In der Landwirtschaft oder im Garten wird sie in der Regel durch Steckzwiebeln angebaut, die im Frühjahr gesetzt und im August geerntet werden können. Die Zwiebel ist im Grunde ein unterirdischer Spross, der nach und nach fleischige Blätter ausbildet, die als Nährstoffspeicher für den späteren Blütenstand dienen. Schneidet man eine Zwiebel durch, ist die Schalenstruktur der Zwiebel mit ihren ineinander geschachtelten Blättern deutlich zu erkennen. Die als Schale bezeichnete, äußere und im getrockneten Zustand papierartige Hülle der Zwiebel sind abgestorbene Blätter.

Noch ein wenig Zwiebelbotanik: Alle Zwiebelgewächse sind ausdauernd, haben eine knollenartige Verdickung unter der Erde, röhrige Blätter und dicke runde Blütendolden.

Die Küchenzwiebel ist ein echtes Universalgenie: Sie schmeckt roh in Salaten, aber auch gedünstet oder geschmort.

Oberirdisch bildet die Zwiebel grüne, hohle, röhrige Blätter. Im Sommer schießt dann aus der Zwiebelachse ein meterhoher, blattloser Blütenstiel mit einer großen violetten (grünweißen) Blütenkugel hervor.

Die verschiedenen Zwiebelsorten

War bis vor ein paar Jahrzehnten in unseren Haushalten vornehmlich die Küchenzwiebel bekannt, so erfreuen sich heute vielerlei Spielarten der Zwiebelfamilie großer Beliebtheit:
* *Schalotten*
* *Perlzwiebel*
* *Frühlingszwiebel*
* *Gemüsezwiebel*
* *Rote Zwiebel*
* *Weiße Zwiebel*

War bei uns noch vor ein paar Jahrzehnten hauptsächlich die Haushalts- oder Küchenzwiebel gebräuchlich, so wird heute eine Vielzahl unterschiedlichster Zwiebelsorten angeboten. Sie unterscheiden sich in Größe, Farbe und Form, aber auch in Geschmack, Schärfe und Aroma voneinander. Auch die Haltbarkeit variiert von Sorte zu Sorte.

Die Zwiebel nimmt nicht nur einen wichtigen Platz auf unserem Speisezettel ein, sie wird auch zu einem kulinarischen Genuss, wenn man die richtige Sorte zum richtigen Zweck einzusetzen versteht. Es lohnt sich also zu lernen, die verschiedenen Sorten auseinander zu halten. Gesund sind sie alle.

Die Inhaltsstoffe der Zwiebel, ihre Heilwirkung und Anwendung werden in den folgenden Kapiteln ausführlich beleuchtet.

Haushalts- oder Küchenzwiebel

Die Haushalts- oder Küchenzwiebel wird auch als Speise- oder Gewürzzwiebel bezeichnet. Im Volksmund nennt man sie liebevoll bis geringschätzig Bolle, Fölle, Zippel, Zwiefel, Klöben oder Zipolle. In der Alltagsküche ist die Haushaltszwiebel die am häufigsten verwendete Sorte. Sie ist rund und von gelblich brauner Farbe, ihr Geschmack scharf und würzig, so dass sie universell verwendbar ist.

Man erhält die Küchenzwiebel bei uns das ganze Jahr, denn sie lässt sich lange lagern. Auch zu Hause hält sie sich Monate, wenn sie luftig, kühl und im Dunkeln aufbewahrt wird. Austreibende Zwiebeln sollte man nicht mehr verwenden, sie verlieren an Geschmack.

Frühlings- oder Lauchzwiebel

Die Frühlingszwiebel gehört zu den sehr frühen Zwiebelsorten. Sie werden frisch im Bündel angeboten und müssen nicht geschält werden. Allerdings sollte man sie schnell verbrauchen, denn sie halten sich nur ein paar Tage. Die Frühlingszwiebel hat einen feinen, milden Geschmack und eignet sich hervorragend für Salate und zum Dünsten. Mit dem Zwiebellaub lässt sich der Geschmack von Gemüse verfeinern.

Gemüsezwiebel

Die Exemplare dieser Sorte sind die Riesen unter den Zwiebeln. Ein einzelnes Exemplar kann bis zu 500 Gramm wiegen. Da sie meist aus Spanien kommen, werden sie auch als spanische Gemüsezwiebeln bezeichnet. Ihre Farbe ist gelblich weiß bis bräunlich; sie halten sich ungefähr eine Woche. Gemüsezwiebeln sind sehr mild im Geschmack und werden oft roh gewürfelt als Beilage zu Fleischgerichten gegessen. Auch gefüllt oder gedünstet sind sie eine Bereicherung des Speisezettels.

Ob Frühlings-, Gemüse-, rote oder weiße Zwiebel, alle »Familienmitglieder« können vielfältig und je nach persönlichem Gusto verwendet werden.

Besonders gerne wird die Gemüsezwiebel gefüllt: Ob mit Fleisch, Reis oder anderen Zutaten ist je nach Region und Rezept unterschiedlich.

WIE DIE ZWIEBEL ZU IHREM NAMEN KAM

Volkstümliche Bezeichnungen wie Bolle und Zipolle gehen auf das Althochdeutsche zurück, wo die Bezeichnungen zwibollo und cipolle gebräuchlich waren. Diese Namen weisen sprachlich auf einen romanischen Ursprung hin. Im Spätlateinischen hieß die Zwiebel cepulla, eine Verkleinerungsform des lateinischen cepa. Die Italiener nennen die Zwiebel Cipolla, im Spanischen heißt sie Cebolla.

Rote Zwiebel

Die purpurfarbene eiförmige Zwiebel kommt aus Italien und den Balkanländern. Sie ist sehr saftig, mild, aber würzig; man kann sie hervorragend roh genießen sowie für Salate verwenden. Allerdings ist sie leicht verderblich. Etwas besser haltbar ist eine rote Variante, die aus Spanien kommt. Sie ähnelt in der Form unserer Haushaltszwiebel, gehört aber zu den milden Sorten und lässt sich vielfältig verwenden.

Weiße Zwiebel

Sie wird bei uns im Sommer angeboten und stammt aus Italien und Ägypten. Weiße Zwiebeln sind sehr saftig und haben einen mehr oder weniger ausgeprägten Knoblauchgeschmack. Man sollte sie innerhalb einer Woche verbrauchen.

Perl- oder Silberzwiebel

Die kleine weiße, etwa haselnussgroße Perlzwiebel und die etwas größere Silberzwiebel werden fast ausschließlich zum Einlegen verwendet. Die Nahrungsmittelindustrie nimmt sie für Gemüsekonserven und Mixed Pickles. Obwohl sich die kleinen Zwiebeln nur mühsam abziehen lassen, sind sie wegen ihres würzigen Geschmacks auch frisch zu empfehlen.

Schalotte

Eine besondere Art der Speisezwiebel ist die Schalotte. Sie trägt auch eine eigene botanische Bezeichnung: Allium ascalonicum, benannt nach der biblischen Stadt Ascalon, dem heutigen Ashqelon. Daher rührt wahrscheinlich auch die Legende, Kreuzfahrer hätten die Schalotte mit nach Europa gebracht. Die edelste Zwiebel mit dem feinsten Aroma ist bei uns auch als Eschlauch oder Aschlauch bekannt. Bei der Schalotte ranken sich um die Hauptzwiebel zahlreiche kleine Tochterzwiebeln, die von einer gemeinsamen rötlich braunen Schale umhüllt sind. Schalotten werden vom Früh- bis Spätsommer angeboten und von jedem Koch wegen ihres pikanten, aber milden und würzigen Aromas sehr geschätzt. Da sie schnell gar wird, ist sie ideal zum Würzen von Saucen und Beilagen.

Schalotten wurden schon im Altertum gezüchtet; sie haben alle Vorzüge der Zwiebel, ohne jedoch ihre beißende Schärfe zu besitzen.

Schalotten gelten als die feinste aller Zwiebelsorten.

Was alles in der Zwiebel steckt

Getreide, möglichst in seiner Urform als Vollkorn belassen, spielt aufgrund seines hohen Gehalts an Ballaststoffen eine wichtige Rolle in unserer Ernährung.

Woher kommt die jahrtausendealte Wertschätzung für dieses Würzgemüse als Nahrungsmittel und Arzneipflanze? An den so genannten essenziellen Nährstoffen allein – dies sind Nahrungsstoffe, die dem Körper zugeführt werden müssen – kann es nicht liegen. Davon sind relativ unbedeutende Mengen in der Zwiebel enthalten. Wer zum Beispiel seinen täglichen Vitamin-C-Bedarf allein durch Zwiebeln abdecken wollte, müsste täglich ein Kilo davon essen. Auf diese Idee würde wohl niemand kommen. Die heilenden Kräfte der Zwiebel – wie auch anderer Heil- und Nutzpflanzen – müssen also von anderen Inhaltsstoffen herrühren. Die Wissenschaft ist diesen Stoffen, den so genannten bioaktiven Substanzen, die nur in Pflanzen vorkommen, seit einigen Jahren auf der Spur.

Ein neuer Trend in der Ernährung

Statt Diäten und Light-Produkten lieber gesunde und ausgewogene Ernährung und viel Bewegung.

Der Wert eines Nahrungsmittels wird heute nicht mehr allein durch seinen Gehalt an Nährstoffen bestimmt. Das war nicht immer so. Noch vor wenigen Jahren waren Nährwerttabellen Bestseller und Kalorienwerte das Maß aller Dinge für eine gesunde Ernährung. Diäten hatten Hochkonjunktur und galten als Allheilmittel für alle Esssünden der Vergangenheit. Mit einem Schälchen Treibhaussalat rückte man dem Wohlstandsspeck zu Leibe und dem mit schlechtem Gewissen genossenen

Sonntagsbraten folgte tagelanges Kalorienzählen. Light-Produkte und diätetische Lebensmittel versprachen Gesundheit und sollten körperliche Bewegung überflüssig machen.

Was ist falsche Ernährung?

Heute weiß man, dass jede einseitige Ernährung gesundheitsschädlich ist und dazu zählen auch die meisten Diäten. Fest steht, dass zum Beispiel fast 30 Prozent aller Darmkrebserkrankungen auf falsche Ernährung zurückzuführen sind. Man kann sogar behaupten, dass fast alle unsere so genannten Zivilisationskrankheiten durch falsche Ernährung verbunden mit Bewegungsmangel verursacht oder zumindest begünstigt werden.

Einseitige Ernährung ist gesundheitsgefährdend. Nahezu 30% aller Darmkrebserkrankungen sind auf falsche Ernährung zurückzuführen.

Unter einem guten Essen versteht jeder etwas anderes, aber was heißt eigentlich falsche Ernährung? Vereinfacht kann man sagen: zu viel, zu fett, zu süß und zu salzig. Nach den Empfehlungen der Deutschen Gesellschaft für Ernährung sollte der größte Teil der täglichen Energiezufuhr aus einfach ungesättigten Fettsäuren (Pflanzenöle) und komplexen Kohlenhydraten (Vollkorngetreide, Kartoffeln, Gemüse) bestehen. Das bedeutet nicht, dass Sie auf Fleisch verzichten müssen. Im Gegenteil, auf eine ausgewogene Mischkost kommt es an. Essen Sie Fleisch als Beilage und nicht immer nur als Hauptgericht.

WAS DER ORGANISMUS BRAUCHT

Essenzielle Nährstoffe sind die Stoffe, die der Mensch zum Leben braucht. Er muss sie mit der Nahrung aufnehmen, weil der Organismus sie nicht oder in nicht ausreichender Menge selbst herstellen kann. Dazu zählen Kohlenhydrate, Eiweiße, Fette, Vitamine, Mineralstoffe, Spurenelemente und Wasser.

Bio- und Ballaststoffe

Es interessieren uns hier zunächst weniger die primären oder essenziellen Nährstoffe, Vitamine und Spurenelemente, die wir mit unserer Nahrung aufnehmen und auf die wir auch angewiesen sind. Unser Hauptaugenmerk liegt vielmehr auf jenen geheimnisvollen Inhaltsstoffen von Heilpflanzen, Obst und Gemüse, die zunehmend das Interesse der Wissenschaft auf sich ziehen und von denen unsere Vorfahren bereits ahnten, dass sie eine vorbeugende und heilende Wirkung haben. Diese sekundären pflanzlichen Inhaltsstoffe – auch Biostoffe oder bioaktive Substanzen genannt – haben, wie man heute weiß, eine pharmakologische Wirkung.

Ballast, den wir brauchen

Die Bedeutung der Ballaststoffe wurde lange Zeit verkannt; nicht zuletzt daraus resultiert auch die eher abwertende Bezeichnung für diese wichtigen Ernährungsstoffe.

Bevor wir uns aber diesen Substanzen zuwenden, wollen wir einen kurzen Blick auf eine weitere pflanzliche Stoffgruppe werfen, die aufgrund ihres Namens zunächst auf einen geringeren Stellenwert schließen lassen. Es sind die Ballaststoffe, unverdauliche pflanzliche Faserstoffe. Als Ballast empfindet man eine unnütze Bürde, eine Last. So wurden auch lange Zeit die Ballaststoffe in unserer Nahrung bewertet und man ver-

WERTVOLLER BALLAST FÜR DIE VERDAUUNG

Ballaststoffreiche Ernährung enthält unverdauliche Bestandteile, die für die Verdauung jedoch unbedingt notwendig sind. Sie binden Wasser, quellen auf und regen die Bewegung des Dickdarms an. So fördern sie die Stuhlentleerung. Ballaststoffe haben zudem den Vorteil, dass sie ein Sättigungsgefühl erzeugen, ohne dem Körper mehr Kalorien zuzuführen. Ballaststoffarme Ernährung dagegen verursacht Verstopfung und begünstigt Erkrankungen des Magen-Darm-Trakts.

suchte, sie möglichst zu entfernen, und zwar durch Mahlen, Pressen oder Filtern.

Die Folgen einer andauernden ballaststoffarmen Ernährung sind chronische Magen- und Darmkrankheiten wie Verstopfung, Divertikulose und Dickdarmkrebs. Aber auch eine erhöhte Anfälligkeit für Infekte, Hauterkrankungen und rheumatische Beschwerden können durch eine gestörte Darmfunktion verursacht werden. Erkrankungen des Magen-Darm-Traktes sind daher in unserer Zeit mit zunehmend ungesunder Ernährung beinahe eine Volkskrankheit.

Zwischenzeitlich sind die früher als nutz- und wertlos geltenden Faser- bzw. Ballaststoffe voll rehabilitiert. Jeder weiß heute um den Wert dieser pflanzlichen Inhaltsstoffe. Doch richten wir uns in unserer persönlichen Ernährungsweise auch danach?

Täglich Ballaststoffe

Die Deutsche Gesellschaft für Ernährung empfiehlt, täglich mindestens 30 g Ballaststoffe mit der Nahrung aufzunehmen. Das lässt sich einfach erfüllen, wenn man bevorzugt ballaststoffreiche Lebensmittel wie Vollkornprodukte, Obst und Gemüse verzehrt.

Ballaststoffe haben noch weitere positive Eigenschaften. Sie binden gesundheitsschädliche und Krebs erregende Substanzen, die dann mit dem Stuhl ausgeschieden werden. Sie helfen, einen erhöhten Cholesterinspiegel zu senken und damit das Risiko einer Herzerkrankung zu reduzieren. Andere Ballaststoffe wirken unterstützend dabei, den Blutzuckerspiegel zu normalisieren oder sie beeinflussen die Darmflora im Dickdarm positiv.

Ein weiterer Vorteil der Ballaststoffe: Da sie keinen Nährwert haben, aber trotzdem ein Sättigungsgefühl hervorrufen, sind sie ideal, um überflüssige Pfunde loszuwerden.

Ballaststoffe sind für das reibungslose Funktionieren unserer Verdauung unbedingt notwendig. Eine ungenügende Versorgung mit diesen pflanzlichen Faserstoffen begünstigt Erkrankungen des Magen-Darm-Trakts.

BIOSTOFFEN AUF DER SPUR

In den sechziger Jahren startete das amerikanische National Cancer Institute (NCI) ein groß angelegtes Programm, um pflanzliche Verbindungen auf ihre Anti-Krebs-Tauglichkeit zu untersuchen. Zwischen 1958 und 1980 wurden Extrakte aus über 30 000 Pflanzen analysiert, 12 000 Substanzen davon auf ihre zytotoxische Wirkung überprüft. 1964 wurde entdeckt, dass ein Extrakt aus der Rinde der pazifischen Eibe auf Leukämiezellkulturen toxisch wirkte. Doch erst in den siebziger Jahren gelang es, den pflanzlichen Wirkstoff zu isolieren und seine chemische Struktur zu entschlüsseln. Dann dauerte es noch einmal fast 20 Jahre, bis die pharmakologische Bedeutung der Substanz für bestimmte Krebsarten deutlich wurde – erst 1993 stand ein Medikament zur Verfügung. Dies gibt ein Beispiel für den langen Weg vom Aufspüren einer pflanzlichen Substanz bis hin zum pharmazeutischen Produkt.

Bioaktive Substanzen – die inneren Werte

Sekundäre Pflanzenstoffe, die Biostoffe, beeinflussen nachhaltig unseren Gesundheitszustand. In aufwendigen Versuchen gelang es Wissenschaftlern zahlreiche Biostoffe zu isolieren und auf ihre medizinische Wirkung zu untersuchen.

Die sekundären Pflanzenstoffe, auch als Biostoffe oder bioaktive Substanzen bezeichnet, stehen heute im Brennpunkt des Interesses. Ernährungswissenschaftler, Mediziner und Pharmakologen haben aber tausende dieser Substanzen isoliert und auf ihre medizinische Wirkung analysiert. Fest steht, dass alle Pflanzen bioaktive Stoffe produzieren, die unsere Gesundheit beeinflussen – und nicht nur die seit alters genutzten Heilpflanzen und -kräuter, sondern auch pflanzliche Nahrungsmittel, wie Obst und Gemüse, die wir täglich zu uns nehmen. Dabei ist diese Erkenntnis nicht so neu. Wie bereits ausgeführt, wussten schon die Menschen in der Antike die vorbeugende und heilende Wirkung von Zwiebeln, Lauch und Knoblauch zu nutzen. So manches Hausmittel unserer Urgroßeltern kommt heute wieder zur Anwendung, weil es inzwischen auch von der Wissenschaft anerkannt wird.

Was sind sekundäre Pflanzenstoffe?

Sekundäre Pflanzenstoffe sind chemische Verbindungen, die als Abfallstoffe beim pflanzlichen Stoffwechsel entstehen und gespeichert werden. Sie haben vielfältige Funktionen als Lock- oder Abwehrmittel. Sie bewirken Farben und Duft von Blüten, Geschmack und Aroma von Früchten. Sie können bitter oder giftig sein und als Heilstoffe unseren Organismus vor Krankheiten schützen. Nun wurden und werden pflanzliche Inhaltsstoffe schon immer für die Herstellung von Arzneimitteln genutzt. Es handelt sich dabei um Stoffe – oft sogar Gifte – mit sehr starker Wirksamkeit, zum Beispiel das gegen Schmerzen wirkende Morphin im Schlafmohn, das krampflösende Atropin in der Tollkirsche oder das herzkräftigende Digitalis im Fingerhut.

Die in unseren pflanzlichen Nahrungsmitteln enthaltenen bioaktiven Substanzen haben dagegen nur eine schwache Wirkung, aber sie haben dafür den Vorteil, dass wir sie kontinuierlich essen können, ohne Nebenwirkungen wie etwa bei Digitalis fürchten zu müssen.

Die Biostoffe in Obst und Gemüse können keine Krankheiten heilen, regen aber den Stoffwechsel an und stärken das Immunsystem. Sie können bestimmten Krebserkrankungen vorbeugen helfen

Biostoffe können nicht heilen. Sie helfen jedoch, Krankheiten vorzubeugen – und sie haben keine Nebenwirkungen.

Je frischer das Gemüse ist, das man verzehrt, desto reichhaltiger sind seine Inhaltsstoffe. Am besten kauft man Obst und Gemüse auf dem Markt oder bei einem Händler seines Vertrauens.

und vor der Entstehung von Herz-Kreislauf-Erkrankungen schützen. Wer weiß, welche Biostoffe in welcher Konzentration in welchen Lebensmitteln vorkommen, kann sich schon beim Einkauf auf dem Gemüsemarkt sein persönliches Gesundheitsprogramm zusammenstellen.

Bioaktive Substanzen

Biostoffe erhalten Sie nicht auf Rezept. Ein Gang über den Gemüsemarkt genügt.

Diese Substanzen in pflanzlichen Lebensmitteln haben vorbeugende und therapeutische Wirkungen, sie

* hemmen Entzündungen
* senken Bluthochdruck
* regulieren den Cholesterinspiegel
* fördern die Verdauung
* wirken auf den Blutzuckerspiegel
* beugen Krebserkrankungen vor
* vernichten Bakterien und Pilze
* verhindern Thrombosen
* stabilisieren das Immunsystem

Wenn Sie das gekaufte Gemüse nicht gleich verbrauchen, ist eine kühle Lagerung wichtig, damit es auch noch nach ein paar Tagen die wichtigen bioaktiven Substanzen enthält.

Inhalts- und Wirkstoffe der Zwiebel

Zwiebeln wird man als Gemüse nicht in den Mengen verzehren, wie man das mit anderen Gemüsesorten tut. Zwiebeln haben aber den Vorteil, dass sie in vielerlei Zubereitungsarten gut schmecken. Als Würzmittel in der Küche sind sie unentbehrlich (siehe dazu Seite 88ff.).

Biostoffe in der Zwiebel

Man hat eine ganze Reihe der bioaktiven Stoffe, die in der Zwiebel enthalten sind, auf ihre Wirkung hin analysiert. Weitere, bislang unbekannte Biostoffe wurden aufgespürt und in Labor- und Tierversuchen überprüft. Dabei kamen erstaunliche Ergebnisse ans Licht und manches vom Erfahrungswissen unserer Vorfahren wurde bestätigt.

Sulfide – stark in Geruch und Wirkung

Die nahe Verwandtschaft zu den Lauchgewächsen lässt sich leicht am Geruch erkennen. Der scharfe, beißende Geruch, der beim Zerschneiden von Zwiebel, Porree und Schnittlauch die Tränen fließen lässt, beim Knoblauch jedoch nicht in die Augen, sondern in die Nase steigt, ist auf die gleichen Verursacher zurückzuführen: schwefelhaltige Verbindungen, so genannte Sulfide. Alle diese Pflanzen enthalten die Substanz Alliin, die zunächst geruchlos und ohne Wirkung ist. Erst beim Zerkleinern entstehen durch die Einwirkung von Sauerstoff und des pflanzlichen Enzyms Alliinase schwefelhaltige ätherische Öle mit der bekannten Reizwirkung. Beim Knoblauch führt derselbe Prozess zu einem anderen Ergebnis. Es entsteht die schwefelhaltige Substanz Allizin, die Geruch und Geschmack des Knoblauchs bewirkt. Da Schwefelverbindungen sehr reaktionsfreudig sind, bilden sich aus den Hauptstoffen immer neue schwefelhaltige Substanzen, die natürlich nicht besonders angenehm riechen.

Lauchgewächse verbreiten ein intensives Aroma, das bereits bei den Völkern des klassischen Altertums zwiespältige Gefühle hervorrief. Einerseits schätzte man die Lauchgewächse als Heil- und Nahrungsmittel, andererseits rümpfte man die Nase ob des »plebejischen« Geruchs.

SCHWEFEL – VERANTWORTLICH FÜR SCHLECHTEN GERUCH

Schwefel ist ein Mineralstoff, der im menschlichen Organismus überall vorkommt. Er ist Bestandteil vieler Eiweißstoffe und Hormone, beispielsweise des Insulins. Schwefel ist bei der Bildung von Binde- und Stützgewebe notwendig; außerdem spielt er bei Entgiftungsprozessen in der Leber eine bedeutende Rolle.

In fast allen eiweißhaltigen Lebensmitteln ist Schwefel enthalten. Bei Fäulnisprozessen entstehen Schwefelverbindungen, deren Gestank uns abhält, verdorbene Lebensmittel zu essen.

Die schwefelhaltigen Verbindungen, die Sulfide, sind die wirksamsten bioaktiven Stoffe der Zwiebel. Sie begründen den Ruf der Zwiebel als ein natürliches Antibiotikum bereits seit der Antike.

Die Sulfide sind die wirksamsten bioaktiven Substanzen der Zwiebel. Sie haben einen starken antibiotischen Effekt, das heißt, sie bekämpfen Infektionskrankheiten, die durch Bakterien hervorgerufen werden. Als natürliches Antibiotikum hat die Zwiebel eine lange Tradition, die von den Sumerern bis in unsere Zeit reicht. Aber erst in den vierziger Jahren unseres Jahrhunderts wurden diese Substanzen in der Zwiebel isoliert und ihre keimabtötenden Eigenschaften entdeckt.

Inzwischen wurden zahlreiche weitere pharmakologische Wirkungen der Schwefelverbindungen wissenschaftlich nachgewiesen. Sie hemmen das Wachstum krankmachender Mikroorganismen und Pilze in unserem Körper, verhindern Entzündungen und unterdrücken asthmatische Reaktionen. Die Schwefelstoffe der Zwiebel wirken auf Blut und Herz, indem sie vor Gefäßablagerungen schützen, die Durchblutung fördern und Thrombosen vorbeugen. Sie helfen bei Erkältungskrankheiten und regen die Verdauung an.

Ein möglicher Einfluss der Sulfide bei der Krebsbekämpfung wird intensiv erforscht. Man hat festgestellt, dass in Gebieten, in denen überdurchschnittlich viel Knoblauch und Zwiebeln gegessen werden, manche Krebsarten seltener vorkommen (siehe auch Seite 60 ff.). In Tierversuchen konnte bereits eine Krebs hemmende Wirkung nachgewiesen werden; aber wie und gegen welche Krebsarten die Sulfide wirken, ist noch Gegenstand der Forschung.

Die Sulfide in der Zwiebel
* bekämpfen Bakterien, Mikroorganismen und Pilze
* können Krebs vorbeugend wirken
* beeinflussen die Blutgerinnung
* stabilisieren das Immunsystem
* fördern die Verdauung

Die Sulfide haben möglicherweise positive Einflüsse bei der Krebsbekämpfung. In Regionen, in denen überdurchschnittlich viel Knoblauch und Zwiebeln gegessen werden, kommen manche Krebsarten seltener vor.

Flavonoide schützen vor Oxidationsschäden

Eine weitere nützliche bioaktive Substanz in der Zwiebel ist Querzetin, ein Stoff aus der Gruppe der Flavonoide oder Flavone. Flavonoide, die Farbstoffe der Pflanzen, kommen in fast allen pflanzlichen Nahrungsmitteln vor, allerdings in unterschiedlicher Art und Menge. Besonders reich an Querzetin ist unsere heimische Küchenzwiebel. Es ist im gelben Pigment der Zwiebelschalen enthalten, das man früher zum Färben von Textilien, Haaren oder Ostereiern verwendet hat.

Flavonoide haben für die Pflanze eine Schutzfunktion gegen Schädlinge und Schäden durch Sauerstoff. Das klingt zunächst paradox, denn jedes Leben braucht Sauerstoff. Doch im Stoffwechsel entstehen schädliche Sauerstoffmoleküle, darunter die gefährlichen freien Radikale. Diese greifen andere, für den Körper notwendige Moleküle und Zellen an, indem sie diese oxidieren und damit Schäden verursachen, die wiederum Erkrankungen hervorrufen. Gegen diese freien Radikale gibt es eine körpereigene Abwehr, die so genannten Antioxidantien. Andere solcher Abwehrstoffe nehmen wir mit der Nahrung auf.

37

Und dazu gehören die Flavonoide sowie die Vitamine C, E und Karotinoide. Natürliche Antioxidantien schützen vor unerwünschter Oxidation und können die Entstehung freier Radikale verhindern. Sie bieten dadurch einen vorbeugenden Schutz gegen bestimmte Krankheiten, insbesondere gegen Herz-Kreislauf-Erkrankungen und Thrombosen. Und noch mehr: Das in der Zwiebel reichlich enthaltene Querzetin hat sich in Tierversuchen als Schutzstoff gegen Dickdarmkrebs erwiesen.

Die Biostoffe Querzetin und Adenosin beugen vor allem Herz-Kreislauf-Erkrankungen und Thrombosen vor.

Der Querzetingehalt der Zwiebel
* kann Krebs vorbeugend wirken
* verhindert die Entstehung freier Radikale
* stimuliert das Immunsystem
* schützt vor Herz-Kreislauf-Erkrankungen

Adenosin hält das Blut flüssig

Zwiebel und Knoblauch enthalten mehr Adenosin als andere Arzneipflanzen. Adenosin ist ein Baustein der Nukleinsäuren, der Substanzen, die in den Zellen aller lebenden Organismen vorkommen. Die Nukleinsäuren sind Träger der verschlüsselten Erbinformationen, also des genetischen Kodes, der für die Entwicklung des Organismus elementar ist.

Adenosin hat einen günstigen Einfluss auf Bluthochdruck, hemmt die Blutgerinnung und fördert die Durchblutung der Herzkranzgefäße. Es wirkt also vorbeugend gegen Herzinfarkt und Thrombosen.

ADENOSINGEHALT VON ARZNEIPFLANZEN IM VERGLEICH (mg/100 g)

Zwiebel	59,0	Arnika	9,8
Knoblauch	56,0	Kümmel	3,5

(nach Michahelles 1974. Quelle: Koch/Hahn)

Saponine neu entdeckt

Saponine sind Substanzen, die zusammen mit Wasser einen starken, seifenähnlichen Schaum hervorrufen und Fette binden. Durch diese Reaktionsfähigkeit können Saponine die Zellwände der Darmschleimhaut schädigen.

Dennoch überwiegen aber ihre für die Gesundheit positiven Eigenschaften. Saponine stärken die Immunabwehr, senken den Cholesterinspiegel, wirken entzündungshemmend und schützen vor Darmkrebs. Saponine sind hauptsächlich in Hülsenfrüchten enthalten; sie wurden jedoch auch in der Zwiebel festgestellt. Man vermutet, dass sie für einige hormonartige Wirkungen der Zwiebel verantwortlich sind.

Enzyme und Enzymblocker

Auch zahlreiche Enzyme, die verschiedene biochemische Vorgänge steuern, finden sich in der Zwiebel. So entstehen beim Zerkleinern der Zwiebel durch Einwirkung des Enzyms Alliinase bakterienhemmende Schwefelverbindungen. Man nimmt an, dass auch andere Enzyme der Zwiebel deren Heilwirkung begründen.

An allen Verdauungs- und Stoffwechselvorgängen in unserem Körper sind Enzyme maßgeblich beteiligt. Ohne Enzymeinwirkung kann keiner dieser Prozesse ablaufen. Zwiebeln enthalten zahlreiche verschiedene Enzyme.

Enzyme sind an allen Prozessen im Organismus jedes Lebewesens beteiligt; ohne Enzyme funktioniert nichts. Dies gilt natürlich auch für Störungen oder Erkrankungen. Dagegen hat der Körper bestimmte Sicherungssysteme entwickelt, die die Aktivitäten dieser Enzyme neutralisieren. Solche Enzymblocker oder Enzyminhibitoren nehmen wir auch als Medikamente ein, etwa Antibiotika, die bakterielle Enzyme zerstören, oder Krebsmedikamente, die Enzyme in den Tumorzellen blockieren.

Den Enzymblockern hat man eine Krebs hemmende und Blutzucker senkende Wirkung zugesprochen. Sie sind hauptsächlich in Getreide und Hülsenfrüchten enthalten, wurden aber auch in der Zwiebel nachgewiesen.

Weitere bioaktive Substanzen

Es können und sollen hier nicht alle bioaktiven Substanzen, die in der Zwiebel identifiziert worden sind, aufgezählt werden. Auch wenn die Wissenschaft die gesundheitsfördernde Wirkung einzelner Nahrungsbestandteile bestätigt hat, so weiß man doch noch wenig darüber, wie diese Stoffe insgesamt wirksam werden, wie sie sich gegenseitig beeinflussen, hemmen oder ergänzen. Denn mit unserer Nahrung nehmen wir immer einen Cocktail der verschiedensten Substanzen auf. Und dazu gehören auch die essenziellen Nährstoffe.

Essenzielle Nährstoffe in der Zwiebel

Zwiebeln sind regelrechte Schlankmacher. 100 g enthalten lediglich 27 kcal oder 116 kJ; sie gehören somit zu den kalorienärmsten Gemüsesorten.

Essenziell heißt lebensnotwendig. Wir müssen täglich eine bestimmte Menge dieser Stoffe in Form von tierischen und pflanzlichen Lebensmitteln zu uns nehmen, sonst kommt es zu körperlichen Mangelerscheinungen. Essenzielle Nährstoffe sind Eiweiße, Fette, Kohlenhydrate, Vitamine, Mineralstoffe und Spurenelemente. Was diese Inhaltsstoffe betrifft, scheint die Zwiebel auf den ersten Blick eigentlich nicht besonders attraktiv zu sein.

Doch wer Zwiebeln isst, wird nicht dick, denn sie zählen zu den kalorienärmsten Gemüsesorten. 100 g enthalten nur 27 Kilokalorien (kcal) oder 116 Kilojoule (kJ).

Kohlenhydrate sind eine wichtige Energiequelle

Kohlenhydrate sind Verbindungen aus Kohlenstoff, Wasserstoff und Sauerstoff und stellen die wichtigste Energiequelle unseres Organismus dar. Man unterscheidet zwei Gruppen von Kohlenhydraten: die verwertbaren und nicht verwertbaren. Die nicht verwertbaren Kohlenhydrate wandern unverändert durch den Körper, sie machen den Großteil von Ballaststoffen aus. Die verwertbaren Kohlenhydrate hingegen werden im Körper chemisch verändert und abgebaut.

Die Alliumarten speichern Kohlenhydrate nicht in Form von Stärke, wie es zum Beispiel bei der Kartoffel der Fall ist. Der Nährstoffspeicher dieser Pflanzen besteht hauptsächlich aus Zucker. Daher rührt auch der süßliche Geschmack von Zwiebeln und Lauch.

Ein gesunder Darm mit einer intakten Darmflora ist ganz entscheidend für unser Wohlbefinden.

Das in der Zwiebel enthaltene Inulin gilt heute als besonders wertvoller, löslicher Ballaststoff. Es ist ein Mehrfachzucker, das heißt, Inulin besteht aus mehreren (30 oder mehr) miteinander verketteten Fruchtzuckermolekülen. Diese gelangen unverdaut als Ballaststoff in den Dickdarm und stabilisieren dort die Darmflora, indem sie besonders die nützlichen Bifidusbakterien aktivieren. Eine intakte Darmflora hat vielfältige Schutzfunktionen für unser Immunsystem: Sie neutralisiert Gifte und verhindert Schädigungen der Darmschleimhaut, sie hemmt Krankheitserreger und kann vor Darmkrebs schützen.

Daher sollte man darauf achten, dass 50 bis 60 Prozent der täglichen Nahrung aus naturbelassenen komplexen Kohlenhydraten bestehen. Das sind Vollkornprodukte, Gemüse, Obst, Kartoffeln, Hülsenfrüchte.

Kohlenhydrate sind die wichtigsten Energielieferanten für unseren Körper. Achten Sie bei Ihrer Ernährung darauf, dass Sie Ihrem Körper stets ausreichend Kohlenhydrate zuführen.

41

Ohne Fette geht es nicht

Fett ist heute ziemlich in Verruf gekommen. Niemand lässt sich gern als Fettsack beschimpfen und wenn jemand »sein Fett abbekommt«, heißt das, dass er eine verdiente Strafe erhält. Wer »im Fett schwimmt«, lebt in guten Verhältnissen und einer, der »das Fett abschöpft«, nimmt das Beste für sich.

Diese Redewendungen zeigen die unterschiedlichen Wertschätzungen für das Fett. Ohne Fette (Lipide) in der Ernährung läuft (und schmeckt) nichts, doch brauchen wir weniger davon, als wir tatsächlich konsumieren.

Trotzdem der Zeitgeist auch Fett von der In-Liste verbannt hat, ist es lebensnotwendiger Bestandteil unserer Ernährung. Allerdings sollten maximal 30 Prozent unserer täglichen Nahrung aus Fetten bestehen.

Fette sollten nicht mehr als 30 Prozent der täglichen Nahrung ausmachen und sich jeweils zu einem Drittel aus gesättigten Fettsäuren (Fleisch, Milch, Butter), einfach gesättigten Fettsäuren (Olivenöl) und mehrfach ungesättigten Fettsäuren (Fisch, Pflanzenöle) zusammensetzten.

Die Zwiebel ist ein fettarmes Gemüse. In 100 g sind nur 0,25 g Fett enthalten, hauptsächlich in Form von mehrfach ungesättigten Fettsäuren (Linolsäure). Linolsäure ist für verschiedene Körperfunktionen lebensnotwendig. Sie stärkt das Immunsystem und ist Voraussetzung für den Aufbau von Prostaglandinen. Dies sind hormonähnliche Substanzen (Gewebshormone) mit vielfältigen, oft gegensätzlichen Wirkungen. Sie hemmen oder erregen Entzündungen, schützen die Magenschleimhaut, regulieren den Blutdruck und beeinflussen die Blutgerinnung. Prostaglandine sind als Inhaltsstoffe der Zwiebel identifiziert worden; einige Wirkungen der Zwiebel werden durch diese Substanzen erklärt.

Eiweiß – Basis des Lebens

Eiweißstoffe oder Proteine sind die Grundbausteine allen Lebens. Muskeln und Knochen, Sehnen und Knorpel, Haut und Haare – alles besteht aus Eiweißstoffen. Aber auch Enzyme, die Katalysatoren des Stoffwechsels, viele Hormone und die Antikörper der Immunabwehr sind Peptide (Eiweißbausteine). Eiweißstoffe bestehen aus 20 verschiedenen Aminosäuren. Zwölf dieser Aminosäuren kann der Körper selbst herstellen, acht gelten als essenziell, also lebensnotwendig; sie müssen mit der Nahrung zugeführt werden.

Alle essenziellen Aminosäuren sind in der Zwiebel enthalten. Wenn wir 100 g Zwiebeln essen, nehmen wir ungefähr 1,25 g Eiweiß auf. Damit sind Zwiebeln ein besserer Eiweißlieferant als die meisten Obstsorten.

Der Eiweißanteil in der täglichen Nahrung sollte ungefähr zehn Prozent ausmachen und zu zwei Drittel aus pflanzlichem Eiweiß bestehen.

NÄHRSTOFFE IN DER ZWIEBEL

100 g verzehrfertige Zwiebeln enthalten:

Wasser	87,6 Gramm
Eiweiß	1,25 Gramm
Fett	0,25 Gramm
Kohlenhydrate	9,55 Gramm

Die Zwiebel und Vitamine

Denkt man an Vitamine, fallen einem vor allem Obst und Südfrüchte wie Bananen, Ananas, Kiwis und Zitronen ein – kaum jedoch die Zwiebel. Dabei kann die Zwiebel sogar mit einem relativ hohen Vitamingehalt aufwarten. Sie enthält mehr Vitamin C als Pflaumen oder Weintrauben und fast so viel wie Äpfel.

Auch der Vitamin-B1- und Vitamin-B2-Gehalt kann sich sehen lassen; er entspricht etwa dem von Äpfeln. Außerdem finden sich nennenswerte Mengen an Niazin (Nikotinsäure, früher Vitamin B3), Pantothensäure (früher Vitamin B5), Vitamin B6 und Vitamin E.

Zwiebeln enthalten alle lebensnotwendigen essenziellen Aminosäuren. 100 g Zwiebeln enthalten 1,25 g Eiweiß; sie liefern damit deutlich mehr Eiweiß als die meisten Obstsorten.

VITAMINE IN DER ZWIEBEL UND TÄGLICHER VITAMINBEDARF

	pro 100 g Zwiebeln in mg	Täglicher Bedarf in mg
Vitamin B1	0,034	1,5–2,5
Vitamin B2	0,02	1,5–2,6
Vitamin B6	0,15	2–5
Vitamin C	7,13	75–100
Vitamin E	0,26	12–60
Niacin (B3)	0,20	10–20
Pantothensäure(B5)	0,17	9–11

WIRKUNGEN DER VITAMINE IN DER ZWIEBEL

Vitamine können nur zu einem geringen Teil vom Körper selbst hergestellt werden (Niazin, Vitamin D); alle anderen lebenswichtigen Vitamine müssen wir unserem Organismus mit der Nahrung zuführen.

Die in der Zwiebel enthaltenen Vitamine wirken sich vielfältig auf den Körper aus.

Vitamin B1

✳ Wichtig für die Funktion von Nerven, Muskeln und Herz
✳ Notwendig für den Kohlenhydratstoffwechsel

Vitamin B2

✳ Greift in viele Stoffwechselvorgänge ein
✳ Notwendig für den Aufbau und die Verwertung von Kohlenhydaten, Fetten und Eiweiß
✳ Trägt zur Gesunderhaltung von Haut und Haaren bei

Vitamin B6

✳ Notwendig für zahlreiche Stoffwechselvorgänge, insbesondere des Fettstoffwechsels, unterstützt die Entgiftungsfunktion der Leber
✳ Wichtig für das Verdauungs- und Nervensystem
✳ Trägt zur Gesunderhaltung der Haut bei

WIRKUNGEN DER VITAMINE IN DER ZWIEBEL

Vitamin C

* Schützt gegen freie Radikale
* Unterstützt den Zellstoffwechsel
* Vorbeugende Wirkung gegen Krebs
* Wichtige Rolle in der Immunabwehr
* Stärkt die Abwehrkräfte
* Wirkt antiallergisch
* Wichtig für das Wachstum
* Hält Knochen, Zahnfleisch und Zähne gesund
* Wichtig für die Bildung von Binde- und Stützgewebe
* Unterstützt die Wundheilung
* Hilft bei der Eisenaufnahme

Vitamin E

* Schützt vor Arteriosklerose
* Verhindert die Bildung freier Radikale
* Beugt Krebserkrankungen vor
* Schützt die Haut vor Schäden durch Umweltgifte
* Verlangsamt den Alterungsprozess der Zellen

Niacin (B3)

* Wichtig für den Kohlenhydrat- und Fettstoffwechsel
* Beeinflusst das Nerven- und Verdauungssystem
* Wirkt gegen Stimmungsschwankungen

Pantothensäure (B5)

* Wichtig für den Kohlenhydrat- und Fettstoffwechsel
* Am Aufbau verschiedener Hormone beteiligt
* Wirkt stärkend auf das Nervensystem
* Hilft bei Stress und Depressionen

Vitamine sind äußerst empfindliche Wirkstoffe; sie reagieren auf Veränderungen der Licht-, Luft- oder Temperaturverhältnisse. Durch Lagerung oder Kochen geht ihr wesentlicher Gehalt rasch verloren.

Vitamine sind organische Substanzen, die unser Organismus in geringen Mengen vor allem für einen reibungslosen Ablauf des Stoffwechsels benötigt. Mit Ausnahme von Niazin und Vitamin D kann unser Körper Vitamine nicht selbst herstellen, sondern er muss sie aus der Nahrung aufnehmen. Fehlen bestimmte Vitamine oder werden sie in zu geringen Mengen zugeführt, kommt es zu Mangel- oder Krankheitserscheinungen. Es gibt fett- und wasserlösliche Vitamine. Die fettlöslichen (A, D, E und K) kann unser Körper speichern, die anderen sollte man täglich zu sich nehmen. Vitamine reagieren empfindlich auf Licht, Luft und Wärme – besonders die Vitamine C, B1, B2 und Folsäure. Durch Lagern oder Kochen geht ihr wesentlicher Gehalt verloren.

Mineralstoffe und Spurenelemente

Zwiebeln enthalten wichtige Mineralstoffe und Spurenelemente. Diese Stoffe sind an vielen Prozessen im Organismus beteiligt. Eine ausgeglichene Mineralstoffbalance ist deshalb für unseren Körper lebensnotwendig.

Mineralstoffe sind für zahlreiche Funktionen im Organismus ebenso lebensnotwendig wie Vitamine. Die wichtigsten dieser anorganischen Substanzen sind Kalium, Kalzium, Magnesium, Natrium und Phosphor. Andere, die der Körper nur in geringeren Mengen benötigt, werden als Spurenelemente bezeichnet. Die wichtigsten sind Chrom, Eisen, Selen, Kupfer und Zink. Mineralstoffe und Spurenelemente müssen wir mit der Nahrung aufnehmen, da der Körper sie nicht selbst produzieren kann.

Die Zwiebel ist ein sehr guter Mineralstoffträger. Sie enthält viel Kalium, aber auch nennenswerte Mengen an Phosphor, Kalzium, Magnesium und Natrium. Die am stärksten vertretenen Spurenelemente sind Eisen, Zink, Kupfer, Fluor, Mangan, Molybdän und Selen. Unter den Spurenelementen ist Selen vielleicht das interessanteste, da seine Bedeutung von der Wissenschaft erst in den letzten Jahren voll erkannt wurde. Ganz wesentlich ist die Funktion von Selen als Schutz vor freien Radikalen. Umweltgifte wie Arsen, Blei, Kobalt und Quecksilber werden durch diese antioxidativen Wirkungen des Spurenelements abgefangen. Selen ist für ein intaktes Immunsystem lebensnotwendig, es stärkt die Abwehrkräfte und erhöht die Widerstandsfähigkeit des Organismus gegen Infekte. Man nimmt heute auch an, dass Selen vorbeugend gegen Krebs, Rheuma und Herz-Kreislauf-Erkrankungen wirksam ist. Zwiebeln und auch Knoblauch enthalten relativ viel Selen, der Gehalt ist jedoch abhängig von den Böden, auf denen sie wachsen. Da diese in Deutschland relativ selenarm sind, vermuten Ärzte, dass die Mehrzahl der Bevölkerung in unseren Breitengraden mit der Nahrung zu wenig Selen aufnimmt.

Unser Körper muss durch die Nahrung, die wir zu uns nehmen, mit Mineralstoffen und Spurenelementen versorgt werden, da er sie selbst nicht herstellen kann.

Es sollen hier nicht alle Wirkungen der verschiedenen Mineralstoffe angesprochen werden. Normalerweise versorgt eine ausgewogene Ernährung den menschlichen Körper ausreichend mit allen essenziellen Mineralstoffen. Manche Wissenschaftler meinen jedoch, dass dies heute nicht mehr unbedingt der Fall sei. Viele dieser Stoffe sind an zahlreichen Prozessen im Organismus gemeinsam beteiligt; dazu ist jedoch eine Mineralstoffbalance notwendig, was allerdings bei den heutigen Lebensgewohnheiten nicht mehr ausreichend gegeben sei.

*Mineralstoffe sind
lebensnotwendige
anorganische
Substanzen:*
* *Kalium*
* *Kalzium*
* *Magnesium*
* *Natrium*
* *Phosphor*

WIRKUNGEN VON MINERALSTOFFEN UND SPURENELEMENTEN IN DER ZWIEBEL

Kalium
* In Verbindung mit Natrium und Kalzium wichtig für einen normalen Herzrhythmus
* Reguliert den Wasserhaushalt
* Wichtig für Nerven- und Muskelarbeit

Phosphor
* Mit Kalzium für den Aufbau von Knochen und Zähnen verantwortlich
* Übernimmt wichtige Funktionen im Zellstoffwechsel des Körpers

Kalzium
* Unerlässlich für den Zellstoffwechsel
* Wichtig für eine funktionierende Blutgerinnung
* Wichtig für Muskelaktivität und Nervenleitungen

Magnesium
* Baustoff für Knochen und Zähne
* Notwendig für zahlreiche Enzymreaktionen
* Steuerungsfunktion für Muskeln und Nerven

Natrium
* Reguliert den Flüssigkeitshaushalt
* Beteiligt an der Weiterleitung von Nervenimpulsen
* Wichtig für den Muskelstoffwechsel

Eisen
* Wichtig für Bildung des Blut- und Muskelfaserfarbstoffs Hämoglobin
* Wichtig für die Sauerstoffversorgung

WIRKUNGEN VON MINERALSTOFFEN UND SPURENELEMENTEN IN DER ZWIEBEL

Zink

✳ Unterstützt das Immunsystem

✳ Wichtig für Stoffwechsel und Hormonstoffwechsel des Organismus

✳ Wichtig für die Steuerung vieler Enzyme

✳ Fördert das normale Wachstum und die rasche Wundheilung

Kupfer

✳ Wesentlicher Bestandteil vieler Enzyme

✳ Wichtig für die Produktion der roten Blutkörperchen (Erythrozyten)

Fluor

✳ Stärkt den Zahnschmelz

✳ Wirkt gegen Karies

Mangan

✳ Aktiviert Enzyme für den Fett- und Zuckerstoffwechsel des Körpers

✳ Beugt Wachstumsstörungen und Osteoporose vor

Molybdän

✳ Fördert die Entgiftungsarbeit der Nieren

✳ Beugt Gicht vor

Selen

✳ Aktiviert das Immunsystem und schützt gegen freie Radikale

✳ Schützt die Zellen vor Umweltgiften (z. B. Quecksilber)

Spurenelemente sind anorganische Stoffe, die der Körper nur in geringen Mengen benötigt:

✳ *Zink*

✳ *Eisen*

✳ *Kupfer*

✳ *Fluor*

✳ *Mangan*

✳ *Molybdän*

✳ *Selen*

Die Zwiebel als Heilpflanze

In der Küche kennt die Zwiebel jedes Kind, aber nur wenige Menschen wissen um ihre Bedeutung als Heilpflanze.

Ernährungsbedingte Krankheiten sind in unserer Wohlstandsgesellschaft weiter auf dem Vormarsch. Trotz zahlreicher Gesundheitstipps, Aufklärungskampagnen oder Angeboten für alternative Lebensweisen essen wir uns krank. Die Entdeckung – oder besser gesagt Wiederentdeckung – der bioaktiven Substanzen in unseren Nahrungsmitteln sollte Anlass genug sein, eingefahrene ungesunde Ernährungsweisen zu ändern. Denn es gibt keinen einfacheren und besseren Weg, etwas für seine Gesundheit zu tun, als die natürlichen Heilstoffe beziehungsweise die gesundheitsfördernden Stoffe in der Nahrung bewusst zu nutzen. Schon der griechische Arzt Hippokrates riet vor über 2000 Jahren: »Eure Nahrungsmittel sollen eure Heilmittel und eure Heilmittel eure Nahrungsmittel sein.« Und damit hat er sicher nicht Schweinebraten und Spareribs gemeint – wohingegen ihm die Heilkraft der Zwiebel ganz bestimmt bekannt gewesen sein dürfte.

Zwiebeln für Herz und Kreislauf

Platz Nr. 1 der Zivilisationskrankheiten nehmen Herz-Kreislauf-Erkrankungen ein.

In den westlichen Industrienationen sind Herz-Kreislauf-Erkrankungen die häufigsten so genannten Zivilisationskrankheiten. Deren Ursache liegt vor allem in mangelnder Bewegung und falscher Ernährung begründet. Dies ist hinlänglich bekannt. Wissenschaftler und Gesundheitsexperten haben uns darüber inzwischen aufgeklärt und auch Hausärzte ermahnen ihre Patienten stets, sich viel zu bewegen sowie sich gesund zu ernähren. Doch was uns neu erscheint, beruht wiederum auf uralten Erkenntnissen. Schon Hippokrates hatte herausgefunden, dass für die Gesundheit der richtige Ausgleich zwischen Ernährung und körperlicher Anstrengung von besonderer Bedeutung ist.

Es sind vor allem die Fette in der Nahrung, die langfristig unsere Gesundheit beeinträchtigen.

Welchen Einfluss hat die Zwiebel auf die Blutfette?

Tierische Fette (Fleisch und Butter) sowie Eigelb enthalten die fettähnliche Substanz Cholesterin. Wird dem Körper zu viel davon zugeführt, lagert sich das überschüssige Cholesterin an den Gefäßwänden ab und leistet dadurch maßgeblich der Entstehung von Arteriosklerose (Arterienverkalkung) Vorschub; diese wird schließlich für unser Herz gefährlich.

Achtung! Ein zu hoher Cholesterinspiegel wird meist »zufällig« entdeckt. Erwachsene über 20 Jahre sollten mindestens einmal in fünf Jahren den Cholesterinspiegel bestimmen lassen.

Die Zwiebel vermag einen hohen Cholesterinspiegel zu senken. In der Naturheilkunde kennt man schon lange die Wirkung der Zwiebel auf Herz und Blut. Aber kaum ein Arzt käme wohl auf die Idee, Herzpatienten Zwiebeln als Therapie zu verschreiben. Doch wirken die Inhaltsstoffe der Zwiebel positiv auf das Cholesterin. Wenn man reichlich Zwiebeln isst, wird das Verhältnis zwischen schlechtem und guten Cholesterin zugunsten des guten Cholesterins (HDL), welches das Herz schützt, verändert.

Zwiebelkur für Herzpatienten

Wie die amerikanische Medizinjournalistin Jean Carper berichtet, hat ein Bostoner Arzt bei einer Untersuchung an Herzpatienten die positive Wirkung der Zwiebel auf den Cholesterinspiegel herausgefunden. Es gelang ihm zunächst nicht, bei seinen Patienten das gute Cholesterin anzuheben; ein Chemiker aus dem Labor seines Institutes riet ihm, es doch einmal mit Zwiebeln zu versuchen. Der Herzspezialist Dr. Gurewich griff diesen Rat auf: Sollte die Zwiebel wirken, wäre das Experiment gut verlaufen, wenn nicht, würde es bei seinen Patienten keinen Schaden anrichten, da Zwiebeln keine Nebenwirkungen haben. So verordnete er seinen Patienten, jeden Tag eine rohe Zwiebel zu essen. Die Wirkung dieser Zwiebeltherapie stellte sich jedoch bei den Patienten nicht sofort ein, sondern erst nach ein bis zwei Monaten, so dass einige der Versuchspersonen die ungewöhnliche Therapie schon vorher aufgaben. Bei denen aber, die geduldig die Zwiebeln aßen, stiegen die Werte des HDL-Cholesterins um durchschnittlich 30 Prozent. Das Zwiebelexperiment hatte sich also gelohnt. Es wurde fortgesetzt und auch an einer größeren Zahl von Herzpatienten erfolgreich erprobt. Bei 75 Prozent seiner Patienten konnte der »Zwiebeldoktor« aus Boston einen deutlichen Anstieg der HDL-Werte verzeichnen. Dabei hatte er festgestellt, dass nicht unbedingt täglich eine ganze Zwiebel verzehrt werden musste, sondern dass bereits eine Dosis von 50 g roher Zwiebeln ausreichte, um diese Effekte zu erzielen. Und je schärfer die Zwiebel war, umso besser war die Wirkung.

Das Ergebnis einer amerikanischen Langzeitstudie: Eine Dosis von 50 g roher Zwiebeln pro Tag erhöht die Werte des guten HDL-Cholesterins um durchschnittlich 30 Prozent.

Die Zwiebel räumt auf

Es hat sich gezeigt, dass die Inhaltsstoffe der Zwiebel nicht nur das gute HDL-Cholesterin anheben. Durch den Verzehr von Zwiebeln scheinen auch das schlechte LDL-Cholesterin und andere Fette, wie die Triglyzeride, positiv beeinflusst zu werden. Besonders die in der Zwiebel enthaltenen Saponine ziehen offensichtlich erfolgreich das schlechte Cholesterin aus dem Verkehr. Das LDL-Cholesterin setzt sich an den Gefäßwänden fest und trägt zur Entstehung von Arteriosklerose bei. Deswegen wird es auch schlechtes Cholesterin genannt.

Triglyzeride sind Blutfette, die in der Leber, den Nieren und im Herzmuskel produziert und zusätzlich mit der Nahrung aufgenommen werden. Zu hohe Triglyzeridwerte begünstigen ebenfalls die Entstehung von Arteriosklerose, die zum Schlaganfall führen kann.

Der regelmäßige Genuss von Zwiebeln und Knoblauch verbessert die Blutwerte und beugt Arterienverkalkung vor.

Zwiebeln bessern die Blutwerte

In einer vergleichenden Untersuchung mit Vegetariern einer indischen Religionsgemeinschaft wurde festgestellt, dass die Beteiligten, die regelmäßig größere Mengen an Zwiebeln und Knoblauch verzehrten, nicht nur viel bessere Gesamtcholesterin- und HDL-Cholesterin-Werte aufwiesen, sondern auch niedrigere Triglyzerinwerte hatten als diejenigen, die Zwiebeln und Knoblauch mieden. Die besten Werte hatte die Gruppe mit einem wöchentlichen Verbrauch von 600 g Zwiebeln und 50 g Knoblauch. Doch auch schon ein regelmäßiger Verzehr von 200 g Zwiebeln und 10 g Knoblauch sorgten dafür, dass die Blutwerte im Toleranzbereich lagen.

CHOLESTERINGEHALT

Nahrungsmittel (pro 100 g)	Cholesterin
Hirn (Kalb)	2000 mg
Hühnereidotter	1400 mg
Leber (Schwein)	340 mg
Niere (Kalb)	335 mg
Biskuit	280 mg
Butter	240 mg
Krabben in der Dose	150 mg
Mayonnaise (80% Fett)	140 mg
Reh (Rücken)	110 mg
Schlagsahne (30% Fett)	110 mg
Doppelrahmfrischkäse (60% Fett i. Tr.)	100 mg

ZWIEBELN SENKEN DIE BLUTFETTWERTE

Wer an Herz und Gefäßen gesund bleiben will, sollte darauf achten, dass sein Gesamtcholesterinspiegel niedrig bleibt. Ärzte haben die Erfahrung gemacht, dass der normale Wert eines gesunden erwachsenen Menschen bei 200 mg/dl Blut liegt. Wer also diese Grenze nicht überschreiten will, tut gut daran, Zwiebeln auf seinen täglichen Speisezettel zu setzen. Es ist wissenschaftlich erwiesen, dass Menschen, die regelmäßig größere Mengen an Knoblauch und Zwiebeln essen, niedrigere Blutfett- und Cholesterinwerte aufweisen und daher seltener an Arteriosklerose erkranken.

Ebenfalls an Patienten in Indien haben Forscher herausgefunden, dass Zwiebeln den Cholesteringehalt im Blut senken. Sie setzten einer Versuchsgruppe eine äußerst fettreiche Mahlzeit vor, die ohne und mit Zwiebeln zubereitet war. Der Effekt war trotz einer Zugabe von nur 50 g Zwiebeln eindeutig: Der Cholesteringehalt im Blut verringerte sich nach dem Zwiebelgenuss deutlich.

Zwiebeln halten das Blut flüssig

Zwiebeln vermögen die Blutfettwerte zu senken und damit einer Arteriosklerose vorzubeugen. Dafür zeichnen die Inhaltsstoffe der Zwiebel (Sulfide, Flavonoide) verantwortlich.

Es ist inzwischen hinlänglich bekannt, dass eine einseitige, hauptsächlich aus Fleisch bestehende Ernährung die Entstehung von Herz- und Kreislaufkrankheiten begünstigt, denn tierisches Fett lässt nicht nur die Cholesterinwerte ansteigen, es fördert auch die Bildung von Gerinnseln. Regelmäßiger Zwiebelkonsum verringert das Risiko von Herzkrankheiten; Sulfide und Flavonoide (Inhaltsstoffe der Zwiebel) beeinflussen die Blutgerinnung, verdünnen das Blut, wirken gegen Bluthochdruck und Blutzucker und bekämpfen die gefährlichen freien Radikale.

Freie Bahn in den Arterien

Normalerweise herrscht im Körper ein Gleichgewicht zwischen Blutgerinnungssystem und Gerinnselauflösung. Ist dieses Gleichgewicht gestört – beispielsweise bei arteriosklerotischen Prozessen – wird der Blutfluss in den Blutgefäßen langsamer und es kommt zur vermehrten Bildung von Gerinnseln in den Arterien. Diese Zusammenballung von Blutplättchen in den Gefäßen, die so genannte Thrombozytenaggregation kann dazu führen, dass sich ein Thrombus bildet und vielleicht ein Herzkranzgefäß komplett verschließt: Es kommt zum Herzinfarkt. Die gleichen Vorgänge lösen einen Schlaganfall aus.

Zwiebeln als Gerinnunghemmer

In Zwiebeln hat man Stoffe gefunden, die als Gerinnungshemmer wirken. Sie aktivieren die gerinnungsauflösende Funktion des Blutes; die gerinnungshemmenden Stoffe hemmen zudem gleichzeitig die Thrombozytenaggregation. Durch diese antithrombotischen Wirkungen können Zwiebeln dazu beitragen, das Risiko eines Herzinfarktes oder Schlaganfalls zu verringern. Ein Blutgerinnsel kann aber auch nach Verletzungen entstehen. Es schützt unseren Organismus vor Blutverlust und Infektionen, indem es die Wunde verschließt (siehe Seite 57f.).

Bestimmte Inhaltsstoffe der Zwiebel wirken gerinnungshemmend und aktivieren die gerinnungsauflösende Funktion des Blutes.

Diese gerinnungshemmenden Substanzen in der Zwiebel haben noch andere positive und gesundheitsfördernde Eigenschaften. Sie verbessern die Fließfähigkeit des Blutes und können die schädigenden Wirkungen von tierischen Fetten im Blut reduzieren. In Untersuchungen erwiesen sie sich sowohl als wirkungsvolle Cholesterinsenker als auch als aktive Gerinnungshemmer. Dieser Blutreinigungseffekt der Zwiebel besteht unabhängig von der Zubereitungsart; er zeigte sich bei rohen, bei gekochten, gedünsteten, gebratenen oder getrockneten Zwiebeln.

Fleisch am besten immer mit Zwiebeln

In den Ländern Südosteuropas werden zu Gerichten mit gebratenem oder gegrilltem Fleisch stets rohe Zwiebeln gereicht. Die Blut verdünnende Wirkung der Zwiebel ist hier seit Jahrtausenden bekannt.

Es empfiehlt sich, zu gebratenem Fleisch Zwiebeln zu essen. So werden zum Beispiel in der südosteuropäischen Küche zu Fleischspeisen immer rohe Zwiebeln serviert.

Die Inhaltsstoffe der Zwiebeln wirken sich auch auf das Blut in den Venen positiv aus. Venenerkrankungen – an denen über 90 Prozent der Bevölkerung leiden – haben unterschiedlichste Ursachen, die hier nicht näher erläutert werden können.

Entsteht durch Krampfadern eine Venenentzündung, wird auch die Blutgerinnung verstärkt und es kann sich in der Vene ein Gerinnsel bilden, das die Gefäße verstopft. Wer zu Venenentzündungen neigt, kann mit dem Verzehr von Zwiebeln die Blutgerinnung auch in den Venen positiv beeinflussen und so seinen kranken Beinen etwas Gutes tun. Wer unter Krampfadern leidet, weiß, dass sich oft Flüssigkeit im Gewebe der Beine staut, was Schmerzen verursacht. Da in der Volksmedizin Zwiebeln auch zur Entwässerung eingesetzt werden, lohnt sich ein Versuch jedenfalls(siehe auch Seite 78f.).

Zwiebeln für Diabetiker

Schon im Altertum wurden die Zwiebeln gegen einen zu hohen Blutzuckerspiegel verwendet. Auch die Volksmedizin nutzte diese Eigenschaften und verordnete Zwiebeln, um einen erhöhten Zuckergehalt im Blut zu senken. In Versuchen mit Kaninchen haben Wissenschaftler inzwischen diese Effekte der Zwiebel belegt. Auch bei Diabetikern konnte man bereits zwei Stunden nach der Einnahme von Zwiebelsaft eine deutliche Blutzuckersenkung beobachten. Welche Inhaltsstoffe der Zwiebel auf den Zuckerstoffwechsel wirken, ist bislang noch nicht eindeutig geklärt. Manche Experten machen Schwefelverbindungen dafür verantwortlich, andere meinen, dass Enzyme und pflanzliche Hormone in diesem Zusammenhang eine Rolle spielen.

SO WIRKT DIE ZWIEBEL AUF HERZ UND BLUT

Der regelmäßige Verzehr von Zwiebeln trägt zu einem ausgeglichenen Verhältnis des Gesamtcholesterins bei, weil sie

* Das gute HDL-Cholesterin anheben
* Das schlechte LDL-Cholesterin senken
* Die Triglyzeride senken
* Die Durchblutung fördern
* Einer Thrombozytenaggregation entgegenwirken
* Eine gesteigerte Blutgerinnung verringern und die Fließeigenschaften des Blutes fördern
* Bei Diabetikern den erhöhten Zuckergehalt im Blut senken

Folgende Inhaltsstoffe der Zwiebel helfen Herz und Blut fit zu halten:

* Sulfide
* Flavonoide
* Adenosin
* Saponine
* Vitamin C
* Vitamin E
* Kalium
* Mangan

Durch den regelmäßigen Verzehr von Zwiebeln wird der Gesamtcholesterinspiegel des Blutes positiv beeinflusst.

Die Zwiebel – ein natürliches Antibiotikum

Auch bei der Behandlung und Vorbeugung von Infektionskrankheiten, die durch Bakterien, Viren oder Pilze hervorgerufen werden, kann die Zwiebel wirksam werden.

Im Mittelalter versuchte man Pest und Cholera mit Zwiebeln zu vertreiben und noch während des Zweiten Weltkriegs wurden Dämpfe aus Zwiebelbrei zur Wundheilung eingesetzt.

Zwiebeln bekämpfen verstärkt Bakterien. So wird die Mundhöhle völlig steril, wenn man ein paar Minuten lang rohe Zwiebeln kaut. Zwiebeln gelten in verschiedenen Zubereitungsarten als bewährtes Hausmittel gegen Erkältungen, Bronchitis, Insektenstiche und Magenschmerzen.

Zwiebeln stoppen Keime

Um Krankheiten therapeutisch wirkungsvoll zu behandeln, reichen die Konzentrationen der antibiotisch wirkenden Stoffe in der Zwiebel nicht aus. Dennoch empfiehlt sich der prophylaktische Genuss von Zwiebeln – zumal keine Nebenwirkungen bekannt sind.

Inzwischen hat man einige der Inhaltsstoffe der Zwiebel, die das Wachstum von Bakterien und Viren hemmen, identifiziert; es sind vor allem verschiedene Schwefelverbindungen, das Flavonoid Querzetin und Saponine. Wissenschaftler gehen jedoch davon aus, dass die Konzentration dieser Stoffe in der Zwiebel zu gering ist, um therapeutisch ausreichend wirksam zu sein. Da heute moderne Antibiotika zur Verfügung stehen, ist es wenig sinnvoll, Krankheiten mit Zwiebeln zu bekämpfen. Um allerdings Infektionskrankheiten vorzubeugen, ist dieses natürliche, antibiotisch wirkende Heilmittel jedenfalls zu empfehlen. Wer also für Infektionen anfällig ist, sollte täglich Zwiebeln essen, denn damit lassen sich Keime schon im Anfangsstadium einer Infektion erfolgreich abwehren.

Die Sulfide sorgen dafür, dass Zwiebelgewächse bei Darminfektionen einen regulierenden Einfluss auf die Darmflora ausüben.

Zwiebeln können Entzündungen lindern

Eine Entzündung ist eine Reaktion des Immunsystems auf Reize von außen oder auf eine Infektion. Sie kann durch in den Körper eingedrungene Fremdkörper oder Verletzungen, Wärme oder Kälte, Giftstoffe oder Keime, wie Bakterien und Viren, ausgelöst werden; auch eine allergische Reaktion ist eine Entzündung. Wir kennen das vom allergischen Asthma und der Hautreaktion nach einem Insektenstich. Bei einer Entzündung werden am Entzündungsherd und im umliegenden Gewebe zahlreiche Immunzellen aktiv, um die Entzündung zu bekämpfen. Darüber hinaus werden die Blutgefäße erweitert und das Blut fließt langsamer. Typische Anzeichen einer Entzündung sind Rötung, Schwellung, Erwärmung der betroffenen Stelle oder des betroffenen Körperteils, was häufig mit Schmerzen verbunden ist.

Die entzündungshemmende Wirkung der Zwiebel war bereits den Menschen im Altertum bekannt; in der Volksmedizin ist Zwiebelsirup ein bewährtes Hausmittel, das die lästigen Auswirkungen von Husten und Bronchitis lindert. Frischer Zwiebelsaft kann auf die Haut geträufelt werden, um die entzündlichen Folgen von Bienen- oder Wespenstichen zu unterdrücken. Ebenso wurde zur Behandlung von Abszessen, Furunkeln und Hautgeschwüren traditionell Zwiebelsaft aufgetragen.

Die Bronchien, hier vereinfacht dargestellt. Die Stammbronchien verzweigen sich rechts in drei, links in zwei Lappenbronchien.

Mit Zwiebelsaft gegen Asthma

Noch nicht so alt ist das Wissen ob der Wirksamkeit von Zwiebelextrakten bei Asthma. In Tierversuchen konnte nachgewiesen werden, dass sich durch die Einnahme von Zwiebelsaft die Verengung der Bronchien fast komplett verhindern lässt; diese Anwendung eines Zwiebelextraktes wirkt vorbeugend gegen allergisches Asthma sein und schützt vor einem Asthmaanfall. Diese Schutzwirkung wurde durch anschließende Untersuchungen auch bei Asthmatikern festgestellt. Ein Zwiebelextrakt, dessen Menge 400 g frischen Zwiebeln entsprach, verringerte deutlich die durch die Allergie ausgelöste Verengung der Bronchien. Die gleiche Wirkung scheint auch frisch gepresster Zwiebelsaft zu haben. Als antiasthmatisches Wirkprinzip konnten wiederum Schwefelverbindungen ausgemacht werden. Es sind Thiosulfinate und Cepaene, die auch für die entzündungshemmende Wirkung verantwortlich sind.

Die antiasthmatische bzw. entzündungshemmende Wirkung wird den Schwefelverbindungen in der Zwiebel zugeschrieben.

ZWIEBELN HELFEN BEI INFEKTIONEN

Als Extrakt, Saft oder Dampf angewandt, wirkt die Zwiebel antibiotisch. Sie

* Hemmt das Wachstum von Bakterien und Viren
* Hilft gegen Fließschnupfen, Husten und Bronchitis
* Wirkt entzündungshemmend
* Hilft bei Insektenstichen
* Beugt beim allergischen Asthma einem Anfall vor
* Heilt Wunden
* Lindert Schwellungen

Kann man mit Zwiebeln Krebs vorbeugen?

Krebserkrankungen und Ernährungsweise stehen in einem Zusammenhang – darin besteht heute unter Experten Einigkeit.

Es besteht heute kein Zweifel mehr daran, dass es einen Zusammenhang zwischen Ernährung und Krebs gibt. Von allen äußeren Faktoren, die zu einer Krebserkrankung beitragen können, gilt die Ernährung als Hauptrisikofaktor. Obwohl es nahezu unmöglich ist, eine einfache Ursache-Wirkung-Beziehung zwischen Ernährung und Tumorentstehung herzustellen, hat die Wissenschaft jedoch durch unzählige Studien und Versuche herausgefunden, dass bestimmte Bestandteile in der Nahrung Krebs fördernd und andere Krebs hemmend wirken. Dies bedeutet allerdings nicht, dass man eine Krebserkrankung verhindern kann, indem man sich an diese Krebs hemmenden Substanzen hält. Die Wissenschaft kann nur feststellen, dass das Risiko oder die Wahrscheinlichkeit einer Erkrankung geringer ist. So steht eine fett- und energiereiche Überernährung in Zusammenhang mit verschiedenen Krebsarten; sie scheint insbesondere Dickdarmkrebs zu begünstigen. Inzwischen ist dies die häufigste Krebserkrankung in den westlichen Industrieländern. Auch zu wenig an bestimmten Inhaltsstoffen in unserer täglichen Nahrung fördert das Risiko eines Krebstumors. Dies gilt in hohem Maße für Ballaststoffe, Vitamine und Mineralstoffe.

Kann Gemüse das Krebsrisiko mindern?

In verschiedenen Studien hat man unter Vegetariern eine deutlich geringere Krebsrate beobachtet. Fachleute vermuten, dass die Krebsrate in der Allgemeinbevölkerung allein durch eine Umstellung der Ernährung auf eine überwiegend pflanzliche Kost um 35 Prozent gesenkt werden könnte. Zahlreiche Untersuchungen legen die Vermutung nahe, dass ein hoher Gemüse- und Obstkonsum eine schützende Wirkung zu haben scheint. In der Zwiebel ist eine Gruppe von sekundären Pflanzenstoffen enthalten, denen eine Schutzwirkung vor Krebs zugeschrieben wird. Dazu gehört Querzetin, ein Flavonoid, das bei Ratten die Entstehung von Dickdarmkrebs hemmte und Mäuse vor Hautkrebs schützte.

Durch Umstellung der Ernährung auf überwiegend pflanzliche Kost soll sich laut Fachleuten das Risiko, an Magen- oder Dickdarmkrebs zu erkranken, um bis zu 90% verringern.

Bietet die Zwiebel Schutz vor Magenkrebs?

Die zahlreichen Schwefelverbindungen in der Zwiebel haben offenbar eine Krebs hemmende Wirkung. In Tierversuchen konnte man mit diesen Substanzen bösartige Tumore an Speiseröhre, Magen, Dickdarm und Lunge bekämpfen. Auch beim Menschen vermutet man einen Zusammenhang zwischen Zwiebelkonsum und dem Auftreten von Magenkrebs. So hat man herausgefunden, dass die Bewohner eines Zwiebelanbaugebietes im amerikanischen Bundesstaat Georgia mit einem überdurchschnittlichen Zwiebelverzehr erheblich seltener an Magenkrebs erkranken als die übrige Bevölkerung. Man nimmt an, dass die Sulfide der Zwiebel Enzyme im Magen-Darm-Trakt hemmen, die für die Aktivierung einer Krebs erregenden Substanz nötig sind. Auch die antibakteriellen Eigenschaften der Zwiebelinhaltsstoffe bremsen möglicherweise das Wachstum von Bakterien im Magen und damit auch die Entwicklung von Krebsgeschwülsten. Eine Studie aus den Niederlanden hat ergeben, dass ein steigender Zwiebelkonsum das Magenkrebsrisiko vermindert.

EINFLUSS DER ERNÄHRUNG AUF ENTSTEHUNG VON KREBS

Eine fett- und energiereiche Überernährung mit geringem Anteil an Ballaststoffen sowie Übergewicht sind ein hoher Risikofaktor für eine Krebserkrankung.

Gemüse- oder Obstkonsum in größeren Mengen kann dazu beitragen, Krebs an Speiseröhre, Magen, Dickdarm, Lunge sowie Hautkrebs vorzubeugen.

Zwiebeln stärken das Immunsystem

Unsere Immunabwehr ist ein sehr komplexes, jedoch auch sehr sensibles System. Krankheiten des Immunsystems sind in jedem Fall ein zusätzliches Krebsrisiko.

Unsere Immunabwehr ist ein überaus komplexes System, das uns vor Krankheitserregern, Schadstoffen und kranken Körperzellen schützt. Für eine einwandfreie Funktion müssen wir unser Immunsystem ausreichend mit allen essenziellen Nährstoffen (siehe Seite 40ff.) versorgen. Diese sind für die biochemischen Prozesse in den Immunzellen unerlässlich. Eine Unterversorgung mit diesen Nährstoffen, Vitaminen und Spurenelementen führt zu einer Schwächung der Immunabwehr. Aber auch eine Überversorgung kann zu Störungen führen und bestimmte Abwehrreaktionen unterdrücken. Störenfriede sind insbesondere Fett und Zucker. Wir können also durch unsere Ernährungsweise unser Immunsystem beeinflussen, indem wir es entweder stärken oder schwächen. Wie man heute weiß, spielen dabei auch die bioaktiven Stoffe in Obst und Gemüse eine bedeutende Rolle.

Biostoffe aktivieren Abwehrzellen

Inwieweit und durch welche Mechanismen die in der Zwiebel enthaltenen Stoffe auf das Immunsystem einwirken, ist noch nicht eindeutig geklärt. Tierversuche und Laborexperimente lassen darauf schließen, dass Sulfide, Flavonoide und Saponine eine immunstimulierende Wirkung ausüben.

So nimmt man an, dass die Krebs hemmenden Effekte der Schwefelverbindungen auf eine Aktivierung von Abwehrzellen im Tumorgewebe zurückzuführen sind. Auch die entzündungshemmenden und antibiotischen Eigenschaften dieser Substanzen stärken das Immunsystem und unterstützen es bei der Bekämpfung von Infektionen, Bakterien und Viren.

Saponine stärken die Immunabwehr, senken den Cholesterinspiegel, wirken entzündungshemmend und können vor Darmkrebs schützen. Da Saponine die Durchlässigkeit der Darmschleimhaut erhöhen, vermutet man, dass dadurch vermehrt Fremdeiweiß von Viren oder Bakterien in den Blutkreislauf gelangt, was die Bildung von Antikörpern anregt. Bei Mäusen, denen man Saponine ins Futter gegeben hatte, war die Konzentration von Antikörpern gegen bestimmte Eiweißstoffe im Blut hundertfach höher als bei unbehandelten Tieren.

Querzetin unterstützt das Immunsystem

Die Zwiebel enthält besonders viel Querzetin, eine Substanz aus der Familie der Flavonoide, die sich als wirksam gegen Viren erwiesen hat. Wichtig ist dieser Biostoff auch durch seine antioxidativen Eigenschaften (siehe Seite 37f.). Als Fänger der gefährlichen freien Radikale unterstützt Querzetin das Immunsystem, indem es Krebs hemmende aber oxidationsempfindliche Vitamine schützt und somit eine Krebs vorbeugende Wirkung hat. Auch die Sulfide der Zwiebel bekämpfen freie Radikale. Sie aktivieren die körpereigenen Abwehrkräfte gegen die schädlichen Sauerstoffmoleküle und beugen Krebs, Arteriosklerose und Herzerkrankungen vor.

Querzetin und Sulfide stärken die Abwehrkräfte des Körpers gegen die freien Radikale und beugen u. a. Krebs vor.

Die Zwiebel regt die Verdauung an

Eine gute Verdauung hält Leib und Seele zusammen. Wer einmal für längere Zeit unter Verdauungsbeschwerden wie Verstopfung, Durchfall oder schmerzhaften Blähungen gelitten hat, weiß, wie sehr das Wohlbefinden dadurch beeinträchtigt wird. Trotzdem wird dem Darm nur geringe Beachtung geschenkt. Andere Organe wie etwa das Herz haben da ein besseres Image.

Dabei ist der Darm mit einer Länge von sechs bis sieben Metern nicht nur das größte Organ innerhalb unseres Immunsystems, sondern er stellt auch ein hochkompliziertes Ökosystem mit einer unglaublichen Vielfalt an lebenswichtigen Funktionen für den gesamten Organismus dar.

DER DARM – ZUSTÄNDIG FÜR UNSERE GESUNDHEIT

Zwiebeln unterstützen den Verdauungsvorgang. Sie regen die Produktion von Magensaft an, unterstützen die Aufspaltung der Eiweißkörper und fördern die Vitaminaufnahme.

Der Darm ist nicht nur ein Verdauungsorgan; hier ist die größte immunologische Abwehrfront in unserem Körper angesiedelt. Mit der Nahrung gelangen unzählige Giftstoffe, Parasiten, Bakterien, Viren und Pilze in den Körper. Um uns vor diesen Giften zu schützen, bildet die Darmschleimhaut eine wirksame Barriere. Hier siedeln etwa 500 verschiedene Bakterienstämme, die so genannte Darmflora. Sie verdrängen die Fremdkeime und hindern sie daran, in die Darmschleimhaut einzudringen.

Normalerweise kann eine intakte Darmflora die Fremdkeime gut beherrschen, ist ihr Gleichgewicht jedoch gestört, kommt es zu Darmerkrankungen.

Zwiebeln sind gut für die Verdauung, denn sie regen die Produktion von Magensaft an und dabei werden die Eiweißkörper in der Nahrung besser aufgespalten, die Aufnahme von Vitaminen wird gefördert. Die Reizstoffe der Zwiebel – schwefelhaltige ätherische Öle – bewirken eine verstärkte Produktion von Verdauungssäften im Darm. Potentielle Krankheitserreger werden abgetötet und das Wachstum der nützlichen Darmbakterien gefördert. Diese desinfizierende Wirkung der Zwiebel ist außerordentlich wichtig für den Abbau von Stoffwechselgiften sowie eine intakte, gesunde Darmflora. So führt zum Beispiel eine ballaststoffarme und fettreiche Ernährung zu einer Veränderung der Bakterienbesiedelung im Darm. Als Folge entstehen vermehrt Stoffwechselgifte von Gärungs- und Fäulnisbakterien, die zunächst nur lästige Funktionsstörungen wie Durchfall oder Verstopfung verursachen, später aber zu chronischen Darmentzündungen oder sogar zu Darmkrebs führen können.

Reizende Wirkungen

Die Zwiebel wirkt aber auch auf andere am Verdauungsprozess beteiligte Organe wie Leber, Gallenblase und Bauchspeicheldrüse. Sie fördert die Sekretinbildung im Zwölffingerdarm. Sekretin ist ein Gewebshormon, das über die Blutbahn die Bauchspeicheldrüse anregt, Verdauungsenzyme freizusetzen; gleichzeitig fördert sie auch die Gallesekretion in der Leber.

Möglicherweise sind an diesem Prozess nicht allein die Reizstoffe der Zwiebel beteiligt, sondern auch pflanzliche Enzyme und Hormone. Wie bereits ausgeführt, können die Inhaltsstoffe der Zwiebel in den Zuckerstoffwechsel eingreifen und einen erhöhten Blutzuckergehalt senken. Dies ist ein Hinweis darauf, dass Zwiebeln positiv auf die Funktion der Bauchspeicheldrüse einwirken.

Die Zwiebel fördert nicht nur die Verdauungstätigkeit des Darms, sondern wirkt auch anregend auf Leber, Gallenblase und Bauchspeicheldrüse.

Die Zwiebel – eine Liebesdroge?

Wie schon im ersten Kapitel dieses Buches erläutert, gehören die Lauchgewächse zu den ältesten Kulturpflanzen der Menschheit. Die Wertschätzung für die Lauchpflanzen über die Jahrhunderte beruhte aber nicht nur auf ihrem Nutzen als Nahrungs- und Heilmittel, ihnen wurden immer schon auch ganz besondere, oft magische Kräfte zugeschrieben. Eine dieser besonderen Kräfte war ihre aphrodisische Wirkung. Zwiebeln, Lauch und Knoblauch waren im Altertum außerordentlich begehrt, weil sie den Geschlechtstrieb anregen und die sexuelle Potenz steigern sollten. Solche Liebesmittel hat man später als Aphrodisiaka bezeichnet, benannt nach der griechischen Göttin der Liebe und Schönheit Aphrodite.

Fördert Zwiebelgenuss das Liebesleben?

Ob der Genuss von Zwiebeln den Geschlechtstrieb anregt oder die Potenz steigert, darüber gibt es bislang keine wissenschaftlichen Erkenntnisse. Wir empfehlen den Selbstversuch – garantiert ohne Nebenwirkungen.

Von den angeblich potenzsteigernden Eigenschaften der Lauchgewächse wurde später noch eifrig Gebrauch gemacht. Vom Mittelalter bis zur Neuzeit finden sich in zahlreichen volkstümlichen und medizinischen Schriften Hinweise auf die aphrodisischen Möglichkeiten dieser vielseitigen Pflanzen. Kein Wunder also, dass sich auch die Wissenschaft dieses Phänomens angenommen hat und herauszufinden versucht, ob ein wahrer Kern in dieser jahrtausendealten Überlieferung steckt.

Studien mit Versuchspersonen über die potenzsteigernden Eigenschaften der Zwiebel gibt es allerdings keine. Aber in der wissenschaftlichen Literatur finden sich Hinweise, dass Zwiebeln und Knoblauch eine gewisse Wirkung auf weibliche wie männliche Sexualhormone haben, was mit den in den Pflanzen enthaltenen hormonartigen Substanzen erklärt wird.

Mäuse, die drei Monate lang mit einem wässrigen Zwiebelextrakt gefüttert wurden, reagierten mit einer deutlichen Erhöhung der Spermienzahl und einer Gewichtszunahme der Hoden. Dagegen scheint Knoblauch auch als Empfängnisverhütungsmittel geeignet zu sein; bei Ratten wurde eine spermienabtötende Wirkung beobachtet.

Die geschichtliche Überlieferung stützt die These, dass die Zwiebel das Liebesleben fördert. Und nach den Ergebnissen erster Tierversuche könnte diese Wirkung möglich sein. Dieses Geheimnis der Zwiebel wartet noch darauf, gelüftet zu werden. Wir raten zum Selbstversuch.

WISSENSCHAFTLICHE UNTERSUCHUNGEN DER ZWIEBEL

Der therapeutische Nutzen der Zwiebel ist wissenschaftlich belegt. Sie kann bei verschiedenen Krankheiten vorbeugend und mildernd wirken. Zwiebeln

* Schützen Herz und Kreislauf
* Beugen Arteriosklerose vor
* Fördern das (gute) HDL-Cholesterin
* Senken den Cholesteringehalt im Blut
* Verzögern die Bildung von Gerinnseln
* Halten das Blut flüssig
* Regulieren den Blutzucker
* Bekämpfen freie Radikale
* Lindern Entzündungen
* Vernichten Bakterien
* Stoppen Keime
* Stärken das Immunsystem
* Unterstützen die Verdauung
* Beeinflussen (möglicherweise) Libido und Potenz

Die Zwiebel als Hausmittel

Es gibt wohl kein anderes Gemüse, das eine derart breite Palette an Heilwirkungen und vorbeugenden Wirkungen aufweist wie die Zwiebel. Die Wissenschaft hat einige dieser Wirkungen entschlüsselt und bestimmte bioaktive Substanzen als pharmakologisches Wirkprinzip identifiziert. Die uralten Kenntnisse unserer Ahnen wurden vielfach bestätigt.

Doch das traditionelle Heilspektrum der Zwiebel als Hausmittel ist noch viel umfangreicher. Über viele Wirkmechanismen liegen noch keine Erkenntnisse vor. Manche der heute gebräuchlichen Anwendungen haben vielleicht nur einen begrenzten oder nicht nachweisbaren Nutzen, manche beruhen auf subjektiven Empfindungen oder entspringen der Sagenwelt oder dem Aberglauben.

Die Zwiebel hat einen gesundheitsfördernden Nutzen. Wissenschaftliche Untersuchungen und Tests haben dies eindeutig unter Beweis gestellt.

Urgroßmutters Naturhausapotheke

Die vorbeugenden Heilwirkungen der Zwiebel sind unbestritten. Sie ist jedoch keine Arznei und kann bei schweren Krankheiten Medikamente nicht ersetzen.

Sicher ist, dass die Zwiebel bei vielen Erkrankungen unterstützende Wirkung hat, manche Beschwerden zu lindern vermag und vorbeugende gesundheitsfördernde Eigenschaften aufweist. Aber die Zwiebel ist keine Arznei und bei ernsthaften Erkrankungen kann sie Medikamente nicht ersetzen. Außer für bestimmte äußere Anwendungen kann man die vorbeugende Heilkraft der Zwiebel am besten bei der Zubereitung von Speisen nutzen.

Wenn wir einen Blick in Urgroßmutters Naturhausapotheke werfen, stellen wir fest, dass die Zwiebel darin einen bevorzugten Platz einnimmt. Von der Arterienverkalkung bis zum Wurmbefall, von Blutarmut bis zu Zahnschmerzen und Haarausfall kann man ihre Heilkräfte einsetzen. Und wenn auch nicht alles stimmt, was überliefert ist, so richtet die Zwiebel jedenfalls keinen Schaden an. Im Gegenteil: Wer sie regelmäßig verzehrt, tut damit viel für seine Gesundheit.

Was steht in alten Kräuterbüchern?

Bevor wir auf die überlieferten Hausmittel näher eingehen, ist ein Blick in eines der zahlreichen Kräuter- oder Arzneibücher, die vom 15. bis ins 17. Jahrhundert in Europa sehr beliebt und weit verbreitet waren, aufschlussreich. Das größte Kräuterbuch aus dieser Zeit ist das »Cruyde-Boeck« von Rembert Dodoens, das 1644 in Antwerpen erschien. Es ist gewissermaßen eine Sammlung des Wissens vergangener Zeiten über Heilpflanzen und Heilkräuter. Dort heißt es auf Seite 1074 über die Wirkungen der Zwiebel:

✳ Alle Zwiebelsorten sind scharf im Geschmack, stark im Geruch, lassen die Tränen in die Augen kommen
✳ Sie verzehren dicke Leibessäfte, machen Durst
✳ Sind gut gegen Blähsucht und Winde
✳ Harntreibend, günstig für den gesamten Magen-Darm-Trakt

✳ Gut bei Blutarmut

✳ Gegen Hämorrhoiden mit Öl und Essig aufgestrichen oder als Analzäpfchen

✳ In die Nase getan zum Säubern des Hirns von Schleim

✳ Zu viel gegessen, verursachen Zwiebeln Kopfschmerzen und lassen sämtliche Sinne abstumpfen

✳ Wirken appetitanregend

✳ Gegen Verstopfung

✳ Arbeiter essen Zwiebeln mit Brot und Salz eventuell auch mit Petersilie, dann sind sie gut für vermehrten Koitus

✳ Bei abnehmendem Mond ist die Zwiebel stärker wirksam als bei zunehmendem

✳ Mit Honig, Zucker, Olivenöl und wenig Essig gegessen gegen Husten, Bronchitis und Asthma

✳ Zu viel Zwiebeln verursachen Lustlosigkeit, Schwermut und Raserei

✳ Zwiebelsaft auf die Glatze gegen Haarausfall

✳ Saft mit Honig gegen Mandelentzündung, in die Ohren getropft gegen Schwerhörigkeit, Ohrensausen, Mittelohrentzündung

✳ Mit Essig gut gegen Hautflecken und Hautkrankheiten

✳ Mit Salz gemischt gegen Akne

✳ Zwiebeln und Salz ätzen die Warzen aus

✳ Zwiebeln mit Hühnerschmalz zur Gesichtsverschönerung, gegen Sommersprossen und dergleichen

Glaubt man der Zusammenstellung von Rembert Dodoens, so ist die Zwiebel nahezu universell einsetz- bzw. anwendbar.

Auch in unserem modernen Medienzeitalter hat das überlieferte Wissen über Heilpflanzen und Kräuter noch seine Berechtigung.

Ein Blick in Ur-großmutters Haus-apotheke genügt: Die Zwiebel nahm darin bereits einen bevorzugten Platz ein. Ob Arterienver-kalkung oder Wurm-befall, Blutarmut, Haarausfall oder Zahnschmerzen – die Zwiebel wurde nahezu für bzw. gegen alles eingesetzt.

WAS URGROSSMUTTER VON DER ZWIEBEL WUSSTE

Bereits unsere Ahnen haben die Heilkräfte der Zwiebel bei vielen Beschwerden genutzt.

Blähungen
* Treibt Blähungen ab

Blut
* Entschlackt das Blut und fördert die Durchblutung
* Senkt den Blutzuckerspiegel
* Blutdrucksenkend
* Hält das Blut flüssig
* Wirkt gegen Blutarmut
* Verhindert Blutgerinnsel

Entzündungen
* Hilft bei Lungen- und Rippenfellentzündungen
* Wirksam gegen Furunkel, Abszesse, Frostbeulen, Haut-entzündungen und Quetschungen
* Kann Infektionen von kleinen Brand- und Schnittwun-den und Insektenstichen verhindern
* Bewährt bei Bienen- und Wespenstichen
* Hilft bei Rheuma und Gelenkschmerzen
* Kann Asthmaanfälle unterdrücken

Erkältungen
* Vorbeugend gegen Erkältungen, Grippe, Schnupfen, Halsentzündungen
* Lindert Husten und Heiserkeit
* Wirkt schleim- und krampflösend
* Lindert Hals- und Ohrenschmerzen

WAS URGROSSMUTTER VON DER ZWIEBEL WUSSTE

Frauenleiden
* Hilft gegen Leib- und Unterleibsschmerzen

Gefäßleiden
* Wirkt vorbeugend bei altersbedingten Gefäßver-
änderungen
* Beugt der Arterienverkalkung vor

Hauterkrankungen
* Reinigt die Haut (Akne)
* Hilft gegen Sommersprossen und Hautflecken
* Hilft gegen Warzen
* Zur Gesichtsverschönerung

Infektionen
* Bei Darminfektionen
* Duchblutungsfördernde Wirkung unterstützt die Aus-
heilung von Wundinfektionen

Kopfschmerzen
* Wirkt bei Ohrensausen
* Verursacht Kopfschmerzen

Kreislaufbeschwerden

Magen
* Wirkt appetitanregend
* Gegen Verstopfung
* Wirkt harntreibend

Haarausfall

Wohl kein anderes Gemüse weist eine derart breite Palette an Heil- und vorbeugenden Wirkungen auf wie die Zwiebel.

Anwendung und Zubereitung für Heilzwecke

Heiße oder warme Zwiebelscheiben werden für die recht wirksamen Zwiebelauflagen verwendet.

Zwiebeln haben gegenüber anderen Heilkräutern, die man sammeln muss, einen praktischen Vorteil, denn sie sind überall erhältlich und lassen sich zu Hause relativ lange aufbewahren. Auch die Zubereitung für bestimmte Heilzwecke ist einfach und problemlos. Ob als Sirup, Tee, Saft oder Milch, ob als Brei, Kompresse oder Auflage. Die einfachste Art ist, eine Zwiebel roh, gehackt oder geschnitten zu verzehren. Die Wirksamkeit der Zwiebel hängt von der Anwendung ab und davon, welche Heilwirkung erzielt werden soll. Man unterscheidet zwischen äußerer und innerer Anwendung; manche Zubereitungen können sowohl äußerlich als auch innerlich angewandt werden.

Äußere Anwendung

Bei der äußeren Anwendung kommen vor allem Zwiebelsaft und Zwiebelbrei zur Anwendung.

Zu den äußeren Anwendungen zählen Wundbehandlung, Umschläge, Kompressen, Verbände, Einreibungen, Inhalationen und Teilbäder. Auch Spülungen und Behandlungen im Mund- und Rachenraum gehören zur äußeren Anwendung.

Äußerlich nutzt man den Saft ausgepresster Zwiebeln zum Einreiben verletzter Haustellen und von Insektenstichen. Zerkleinerte Zwiebeln werden zu einem Brei verrührt und für Umschläge und Wickel verwendet. Kalte oder angewärmte, manchmal auch gebratene Zwiebelscheiben heilen als Auflage kleinere Wunden, Entzündungen und Geschwüre.

KEINE EXPERIMENTE

Die Zwiebel ist eine Heilpflanze; sie kann bei vielen Alltagsbeschwerden den vorschnellen Griff zur Pille ersetzen. Zwiebeln sind jedoch keine Medikamente. Sie können bei verschiedenen Krankheitszuständen zwar unterstützend wirken, bei Symptomen einer ernsthaften Krankheit sollten Sie aber unbedingt einen Arzt aufsuchen. Dies gilt ganz besonders für erkrankte Kinder und Jugendliche.

Zwiebelauflagen

Für Zwiebelauflagen werden in der Regel heiße oder warme Zwiebelscheiben verwendet. Vorsicht: Eine Unterlage unter die Zwiebelscheiben, nicht auf die bloße Haut legen (Verbrennungsgefahr). Die Auflage abdecken.

Heiße Zwiebelauflagen lindern Entzündungen und Erkältungsbeschwerden und beschleunigen den Heilungsprozess von Eitergeschwüren.

Zubereitung

Rohe Zwiebeln fein hacken oder Zwiebelscheiben schneiden und erhitzen. In ein dünnes Baumwolltuch einschlagen und auf die entsprechende Körperstelle legen. Sind die Zwiebeln ausgekühlt, Auflage entfernen.

Anwendung

✳ **Lungen- und Rippenfellentzündung:** Auf Brust und Rücken gelegt, lindern Zwiebelauflagen Beschwerden und können manchmal den Ausbruch der Krankheit verhindern.

✳ **Brustkatarrh, Blasenkatarrh, Harnverhaltung:** Kreuz oder Unterleibsbereich mit einer rohen Zwiebelhälfte einreiben. Das soll Wunder wirken!

✳ **Geschwüre, Furunkel, Frostbeulen:** Vor allem Eitergeschwüre können zum Aufbrechen gebracht, die Heilung kann beschleunigt werden.

DAS ALTBEWÄHRTE KRÄUTERSÄCKCHEN

Bei Zwiebelauflagen ist ein Kräutersäckchen, wie man es beim Kochen verwendet, hilfreich. Man kann es sich nach der erforderlichen Größe aus Leinen oder Mull selbst nähen. Gehackte oder geschnittene Zwiebeln in das Säckchen geben und zehn Minuten in Wasser kochen. Anschließend den Beutel ausdrücken und je nach gewünschter Temperatur auf den kranken Körperbereich auflegen und mit Mull fixieren oder mit einem Handtuch abdecken oder umwickeln.

Zwiebelbäder

Bei der Zubereitung von Zwiebelauflagen, Zwiebelsaft oder -brei sollten Sie stets darauf achten, dass Sie nur frische rohe Zwiebel verwenden.

Zwiebelbäder können bei vielen Beschwerden lindernd wirken.

Zubereitung

Für Fuß- oder Handbäder zwei Zwiebeln in einen Liter warmes Wasser reiben.

Anwendung

Harntreiben und helfen gegen Bronchitis und Akne.

Zwiebelbrei

Nur frische rohe Zwiebeln verwenden.

Zubereitung

Zwiebeln fein hacken und mit etwas Wasser zu einem Brei verrühren.

Anwendung

✳ Hautentzündungen, Hämorrhoiden, Haarausfall: Auf die betroffenen Hautstellen auftragen.

✳ **Warzen:** Wiederholt auftragen oder eine rohe Zwiebelscheibe auf der Warze mit einem Pflaster fixieren.

Zwiebelsaft

Nur frische rohe Zwiebeln verwenden.

Zubereitung

Zwiebeln leicht ankochen, zerkleinern und durch ein Sieb auspressen – einfacher geht es mit dem Entsafter. In diesem Fall genügt es, wenn man die Zwiebeln viertelt; so lässt sich die gewünschte Menge besser dosieren. Man kann die Zwiebeln auch mit einer Küchenmaschine vorbereiten.

Anwendung

✳ **Bienen- und Wespenstiche:** Den Zwiebelbrei reichlich auf die betroffenen Hautpartien auftragen; er wirkt entzündungshemmend, schmerzlindernd und vermindert den Juckreiz.

✳ **Tipp zur schnellen Hilfe bei Bienen- und Wespenstichen:** Stachel entfernen und eine frische rohe Zwiebelscheibe für ein paar Minuten auf die Einstichstelle legen.

Ist man von einer Wespe oder Biene in den Mund gestochen worden, besteht Erstickungsgefahr. Sofort eine rohe Zwiebel kauen! Das kann das Zuschwellen der Atemwege verhindern, bis der Arzt eintrifft.

SO BEREITET MAN WICKEL UND UMSCHLÄGE

Sie benötigen dazu zwei Baumwoll- oder Leinentücher (Geschirrhandtuch) und einen Wollschal, um den Wickel zu fixieren. Die zubereiteten Zwiebeln in ein Tuch einschlagen und auf die entsprechende Körperpartie legen. Dann mit dem zweiten Tuch umwickeln.

Bei warmen oder heißen Anwendungen sollte der Wickel mit einem Wollschal befestigt werden, um die Wärme möglichst lange zu halten. Bei kalten Wickeln oder Umschlägen genügt in der Regel ein zweites Tuch bzw. Mullbinde zur Befestigung.

Fein gehackte Zwiebeln bilden die Grundlage für eine Zwiebelsalbe, die bei Hautproblemen hilft.

Auch eine Zwiebelsalbe lässt sich einfach und schnell selbst herstellen.

Zwiebelsalbe

Nur frische rohe Zwiebeln verwenden

Zubereitung

Zwiebeln fein hacken und zerdrücken; in der Pfanne oder im Topf mit Schmalz auf kleiner Flamme einkochen, Honig und Milch hinzufügen, einköcheln lassen und gut verrühren.

Anwendung

✳ Hässliche Stellen auf der Haut, Kopfausschlag und Falten: Auf die betroffenen Partien auftragen.

Zwiebelumschläge und -wickel

Dabei werden Umschläge aus Zwiebelbrei, aus gekochten zerkleinerten Zwiebeln oder aus gebratenen Zwiebelscheiben verwendet. Für manche Anwendungen werden auch rohe, kalte Zwiebelwickel empfohlen.

Zubereitung

Wie Zwiebelbrei (siehe Seite 74). Man kann die Zwiebeln auch in der Pfanne erhitzen. Danach den Saft abgießen oder auf Küchenpapier abtropfen lassen. Die rohen oder heißen Zwiebeln in ein Baumwolltuch einschlagen, auf die entsprechenden Körperstellen legen und mit einer Binde oder einem Schal umwickeln. Nicht zu heiß auflegen!

Anwendung

✳ **Migräne und Kopfschmerzen:** Auf die Schläfen legen.

✳ **Ohrenschmerzen, Mittelohrentzündung:** Auf die Ohren gelegt, lindert der Wickel akute Schmerzen. Bei kleinen Kindern mit häufig auftretenden Ohrenschmerzen bewährt.

✳ **Halsschmerzen, Heiserkeit:** Den Hals umwickeln und so abdecken, dass die Wärme gut gespeichert wird. Hierfür eignen sich gebratene Zwiebeln am besten.

✳ **Gelenkschmerzen:** Die betroffenen Gelenke umwickeln. Die Anwendung kann mehrmals wiederholt werden.

✳ **Fieber, insbesondere Nervenfieber:** Mehrere Stunden auf die Füße legen. Warme Fußsohlenwickel empfehlen sich auch bei Grippe, Ohrenschmerzen und Nasennebenhöhlenentzündungen.

✳ **Insektenstiche, Hunde- und Katzenbisse:** Umschläge aus lauwarmen Zwiebeln verwenden.

Bei Kindern sind Erkältungen häufig mit Ohrenschmerzen verbunden. Ein Säckchen mit Zwiebelbrei 15 Minuten hinter dem betroffenen Ohr angebracht, öffnet den Gehörgang und lindert die Schmerzen.

Warme Zwiebeln

Zubereitung

Zwiebeln in einer Pfanne ohne Fett oder im Wasser erwärmen.

Anwendung

✳ **Angina, Bronchitis:** Auf die Kehle legen.

✳ **Hämorrhoiden:** Örtlich auflegen. (Siehe auch warme Zwiebelauflagen und Wickel, Seite 73 und 76)

Innere Anwendung

Die Möglichkeiten, die Zwiebel innerlich zur Vorbeugung, Linderung und Bekämpfung von Beschwerden und Erkrankungen anzuwenden, sind vielfältig. Die einfachste und effektivste Art der Vorbeugung besteht darin, regelmäßig Zwiebeln zu verzehren.

Rohe Zwiebeln

Zwiebeln eigenen sich ausgezeichnet für Entschlackungs- oder Blutreinigungskuren. Zwiebelkuren beugen außerdem Gicht und rheumatischen Beschwerden vor.

Roh gegessene Zwiebeln wirken harntreibend bei Kreislauf- und Nierenerkrankungen, vertreiben Wasseransammlungen in den Beinen, im Bauch und in der Brust. Sie helfen bei Darminfektionen und Erkältungen der Atemwege. Sie regen die Schleimproduktion an und fördern die Sekretion von Magen- und Darmsäften. Rohe Zwiebeln stärken Herz und Kreislauf, verhindern Arteriosklerose und schützen vor gefährlichen Blutgerinnseln.

Zubereitung

Als Zwiebelscheiben oder fein gehackt verfeinern Zwiebeln Salate und Saucen. Als Beilage zu gebratenem oder gegrilltem Fleisch verzögern sie die Bildung von Blutgerinnseln und fördern die Verdauung.

Anwendung

✳ **Zwiebelkuren:** Zur Vorbeugung oder bei Harnverhaltung, Ödemen, Gicht und Rheumatismus isst man täglich einen Salat aus rohen Zwiebeln, mit Olivenöl und Zitrone angemacht.

Zur Entschlackung im Frühjahr empfiehlt es sich, aus fein geschnittenen Zwiebeln und heißem Wasser einen Aufguss zu bereiten und die Flüssigkeit mehrmals täglich zu trinken.

Zur Blutreinigung und um Giftstoffe auszutreiben kocht man mehrere Zwiebelknollen mit Wasser auf und fügt zwischendurch Honig hinzu. Die Flüssigkeit tassenweise trinken.

✳ **Die einfachste Zwiebelkur:** Mehrmals täglich einen Löffel klein gehackter Zwiebeln einnehmen. Das regt den Appetit und die Verdauung an.

✳ **Erkältungen bei Kindern:** Rohe Zwiebeln zerquetschen und mit Honig vermischen. Löffelweise verabreichen.

✳ **Parasiten:** Rohe Zwiebeln vertreiben Darmparasiten und Würmer.

✳ **Verstopfung:** Rohe Zwiebeln helfen bei hartnäckiger Verstopfung.

✳ **Rheuma:** Zwiebeln, roh gegessen, fördern die Transpiration und entgiften den Körper.

Zwiebelmilch

Zubereitung

Ausgepresste Zwiebeln mit warmer Milch und Honig vermischen.

Anwendung

✳ **Husten:** Besonders für Kinder geeignet.

✳ **Würmer:** Kindern verabreicht man morgens und abends drei Esslöffel von einem Sud aus in Wasser und Milch gekochten Zwiebeln.

✳ **Leibschmerzen, Magendrücken:** In Milch gekochte Zwiebeln essen und die warme Milch langsam und schluckweise trinken.

Zwiebelmilch ist vor allem für die Hustenbehandlung bei Kindern sehr gut geeignet; auch Wurmbefall lässt sich mit Zwiebelmilch behandeln.

REZEPT AUS DER RUSSISCHEN VOLKSMEDIZIN

Als Beruhigungs- und Einschlafmittel hat sich Folgendes bewährt: Eine halbierte Zwiebel auf dem Herd in heißer, aber nicht kochender Milch zehn Minuten ziehen lassen. Die Zwiebel herausnehmen und die Milch mit Honig gesüßt vor dem Schlafengehen trinken.

Für die Zubereitung von Zwiebelsaft – einem ausgezeichneten Mittel gegen Husten – können Sie weiße oder rote Zwiebeln verwenden. Wichtig ist nur, dass die Zwiebeln frisch und roh sind. Wenn Sie den Saft für Kinder zubereiten, nehmen Sie Wasser statt Weißwein.

Zwiebelsaft

Zubereitung

Zwiebelbrei herstellen (siehe Seite 74), durchsieben und mit Honig und Weißwein oder Wasser verflüssigen.

Anwendung

✳ **Wassersucht:** Treibt Wasser ab. Man kann auch Zwiebeln und Rosmarin in Wasser und Wein kochen und die Flüssigkeit trinken.

✳ **Verstopfung, Blähungen:** Zwiebelsaft mit Branntwein vermischen und tropfenweise einnehmen.

Eines der ältesten Arzneimittel gegen Erkältungsbeschwerden: Zwiebelsirup.

Zwiebelsirup

Zwiebelsirup ist eine der ältesten Arzneien gegen Erkältungskrankheiten. Für seine Zubereitung gibt es verschiedene Rezepte.

Zubereitung

Das Grundrezept besteht darin, Zwiebeln zu zerkleinern, mit Zucker und Wasser behutsam einzukochen und anschließend auszupressen. Oder man vermischt zunächst Zwiebelscheiben mit braunem Zucker und lässt alles zwölf Stunden ziehen. Den ausgetretenen Saft nimmt man mehrmals täglich ein. Man kann auch große Zwiebelstücke mit Kandiszucker dämpfen und anschließend den Saft einnehmen.

Alle »Zwiebelarzneien« zur innerlichen Anwendung lassen sich mit wenig Aufwand schnell und einfach herstellen.

Anwendung

✳ **Bei Husten, Erkältung und Grippe:** Mehrmals täglich löffelweise einnehmen; wirkt krampflösend, auswurffördernd und lindert den Hustenreiz; auch bei Keuchhusten.

Zwiebelwasser
Zubereitung

Eine Zwiebel in Scheiben schneiden, mit 1/4 Liter warmem Wasser übergießen und zugedeckt zwei Stunden ziehen lassen. Anschließend durch ein Sieb gießen.

Anwendung

✳ **Halsschmerzen und Heiserkeit:** Mit der Flüssigkeit gurgeln und etwas davon trinken.

Zwiebelwein
Zubereitung

Zwiebeln zerdrücken und mit Weißwein und Honig mischen. Vierzehn Tage ziehen lassen und anschließend filtern.

Anwendung

✳ **Stärkend und harntreibend:** Löffelweise einnehmen
✳ **Wurmkur:** Eine fein geschnittene Zwiebel in 1/2 Liter Rotwein zwei Tage ziehen lassen, filtern und glasweise trinken.

Fertigpräparate mit Zwiebelextrakt

Neben Urgroßmutters Hausmitteln finden heute verstärkt Fertigpräparate mit Zwiebelextrakt Anwendung. Diese Präparate sind frei verkäuflich, jedoch nur in Apotheken erhältlich.

Es sind eine Reihe von Zwiebelfertigpräparaten auf dem Markt. Sie haben Kapselform, enthalten Zwiebelöl und sind zur Vorbeugung altersbedingter Gefäßveränderungen und gegen Appetitlosigkeit zugelassen. Auch zur Behandlung von Fettstoffwechselstörungen werden sie eingesetzt. Die Präparate (z.B. Alistan Zwiebelölkapseln) sind frei verkäuflich, aber nur in Apotheken erhältlich.

Für die gleiche Indikation gibt es auch Presssäfte aus frischen Zwiebeln mit Musanteil (z. B. florabio Zwiebel), von denen dreimal täglich ein Esslöffel vor oder zu den Mahlzeiten eingenommen werden soll.

Zur äußerlichen Anwendung sind Gele (z.B. Cotractubex) erhältlich, die neben Zwiebelextrakt auch Heparin enthalten. Die Gele sollen insbesondere wulstförmige Narbenbildungen, optisch störende Narben und Narbenschrumpfungen behandeln.

Anwendung der Zwiebel in der Homöopathie

Die Bedeutung der Homöopathie für die Medizin sowie die Wirksamkeit homöopathischer Mittel sind in den letzten Jahren kontrovers diskutiert worden.

Die Zwiebel spielt als Schnupfenmittel in der Homöopathie eine wichtige Rolle. Bei Erkältungsschnupfen und Heuschnupfen, aber auch bei Ohrenschmerzen, Nebenhöhlenentzündungen, Kehlkopfkatarrhen, Bronchitis (insbesondere Altersbronchitis), Asthma und Heiserkeit wird die Zwiebel als Heilmittel eingesetzt, wobei die Essenz immer aus frischen Zwiebeln zubereitet wird.

Außerdem soll es bei Schmerzen an verletzten Nerven (z.B. an Amputationsstümpfe) und bei Rheumatismus mit der potenzierten (verdünnten) Zwiebelessenz Heilerfolge geben.

Die Homöopathie – eine umstrittene Heillehre

Diese Heilmethode wird äußerst kontrovers diskutiert. Gegner halten sie für irrationale Quacksalberei, Befürworter und Anhänger schwören auf erstaunliche Heilerfolge. Die rund 200 Jahre alte Homöopathie beansprucht, eine auf Erfahrung und Beobachtung von Naturgesetzen beruhende ganzheitliche und sanfte Medizin zu sein.

Die Homöopathie fußt auf dem Gesetz »Ähnliches möge Ähnliches heilen«.

»Similia similibus curentur«

Ihre wichtigste Regel ist das von ihrem Begründer Samuel Hahnemann (1755–1843) aufgestellte Gesetz »Similia similibus curentur« – »Ähnliches möge Ähnliches heilen«. Das bedeutet, dem Kranken nur solche Mittel – und zwar verdünnt – zu verordnen, die beim Gesunden ähnliche Symptome hervorrufen, wie die zu bekämpfende Krankheit. So wird zum Beispiel Durchfall in der Homöopathie mit einem stark verdünnten Abführmittel behandelt; gegen Schnupfen verordnet die Homöopathie Zwiebel; sowohl bei Zwiebeln als auch Schnupfen tränen die Augen und läuft die Nase.

Ein wesentliches Prinzip der Homöopathie ist die Verdünnung, die von den Homöopathen Potenzierung oder Dynamisierung genannt wird.

Homöopathische Arzneimittel erhält man in jeder gut sortierten Apotheke. Und falls einmal ein Mittel nicht vorrätig sein sollte, wird es in der Regel innerhalb kürzester Zeit beschafft.

Dabei wird die Ausgangssubstanz schrittweise mit einer Wasser-Alkohol-Mischung so weit vermischt, bis die Lösung schließlich kein einziges Molekül der Ursubstanz mehr enthält. Von derartigen »Hochpotenzen« soll eine intensivierte Wirkung ausgehen,

da so die energetischen Kräfte einer Substanz auf das Lösungsmittel übertragen werden.

Als Schnupfenmittel wird die Zwiebel in der Potenz D2 bis D6 eingesetzt. D2 bedeutet eine Verdünnung von 1:100; d.h., ein Fläschchen gegen Schnupfen enthält ein Teil Zwiebel und 100 Teile Lösungsmittel. Bei solchen tiefpotenten Mitteln (bis D6) mögen noch Spuren der Ursprungssubstanz enthalten sein, ab einer Verdünnung von D24 ist jedoch absolut nichts mehr in der Lösung nachweisbar.

Mehr als ein Placeboeffekt?

Die Homöopathie wird äußerst kontrovers diskutiert. Kritiker halten die Heilerfolge für Placeboeffekte: Kann etwas wirken, in dem nichts enthalten ist?

Kann etwas wirken, in dem gar nichts enthalten ist? Kritiker der Homöopathie meinen nein; sie halten die Heilerfolge der Homöopathie für reine Placeboeffekte.

Placebos sind Scheinmedikamente, die unter bestimmten psychischen Bedingungen Wirkungen hervorrufen können. So gibt man Patienten, die ein starkes Verlangen nach einer nicht notwendigen Arznei haben, ein dem Original äußerlich identisches Leermedikament.

Homöopathen geraten hier in einen Erklärungsnotstand, denn nach wissenschaftlichen Kriterien lassen sich ihre Heilerfolge »aus dem Nichts« nicht beweisen. Das Stoffliche sei nicht ausschlaggebend, sagen sie, sondern dessen verborgene Kräfte, die sich durch das Potenzieren entfalten. Befürworter der Heilmethode weisen darauf hin, dass selbst minimalste Mengen gewaltige Wirkungen haben können. Zum Beispiel die Spurenelemente, Enzyme oder Hormone in unserem Körper, die in Mikrogrammmengen (1/1000 mg) lebenswichtige Stoffwechselvorgänge anstoßen und steuern. Oder, wie der Apotheker M. Pahlow glaubt, dass die gasförmige Schwefelverbindung Merkaptan noch bei einer Konzentration in der Luft von 1:10 Millionen Übelkeit und Brechreiz hervorrufen kann. Erinnern wir uns auch daran, dass die bioaktiven Substanzen in unseren Lebensmitteln – meist nur in Mikrogramm-Mengen enthalten – eine nachgewiesene Heilwirkung haben (siehe Seite 32ff.). Eine Tatsache, die früher bestritten wurde.

Das Arzneimittelbild – eine weitere Säule der Homöopathie.

Eine ganzheitliche Heilmethode

Eine weitere wichtige Säule der homöopathischen Lehre ist das so genannte Arzneimittelbild. Dies ist die Gesamtheit aller Symptome, die ein Arzneimittel beim Gesunden hervorrufen kann. Nach der Ähnlichkeitsregel haben Homöopathen inzwischen rund 2000 Mittel tierischen, pflanzlichen oder mineralischen Ursprungs geprüft und die Symptome beschrieben. Dabei interessieren kleinste Details und Begleiterscheinungen; ob beispielsweise ein Kopfschmerz als stechend oder brennend empfunden wird, ob er mit Durst einhergeht, von Kälte oder Wärme verstärkt wird usw.

Ein guter Homöopath muss das Mittel herausfinden, das nach dem Arzneimittelbild mit dem Krankheitsbild des Patienten die größte Übereinstimmung aufweist. Daher wird ein Homöopath verschiedenen Patienten, die unter Kopfschmerzen leiden, in der Regel nie die gleiche Arznei verordnen.

Ein homöopatisch arbeitender Arzt wird sich in seiner Rezeptur immer an den individuellen Bedürfnissen und Voraussetzungen jedes einzelnen Patienten orientieren.

Das Arzneimittelbild der Küchenzwiebel

Auch das Arznei-mittelbild der Küchenzwiebel (Allium cepa) hat Eingang in Lehrbücher der Homöopathie gefunden.

Wie sieht nun das Arzneimittelbild der Küchenzwiebel aus? Wir zitieren aus einem Lehrbuch der Homöopathie, damit ein Eindruck von der homöopathischen Symptombeschreibung vermittelt wird. Darin heißt es unter den Leitsymptomen: Schnupfen und Husten verschlimmern sich in der Wärme und bessern sich im Freien und in der Kälte. Scharfer Nasenfluss bei milden Tränen.

Organsysteme

Auf die einzelnen Organsysteme geht das zitierte Lehrbuch näher ein:

✳ **Kopf:** Verwirrung der Sinne und Gemütsverstimmung. Katarrhalisches Kopfweh. Die Augen sind lichtempfindlich und brennen. Reichlicher Tränenfluss, der jedoch im Gegensatz zum Nasenfluss die Augen nicht wund macht, aber natürlich sehr störend ist.

✳ **Ohren:** Schmerz vom Hals in die Ohren ziehend.

✳ **Nase:** Reichlicher, wässriger Schnupfen, die Nasenlöcher wund machend. Nebenhöhlenkatarrhe mit Stirnkopfweh. Kopfschmerzen und Schnupfen verbessern sich sofort im Freien und in kalter Luft. Rauheit des Kehlkopfes und Gefühl von Zusammenschnüren, Kitzelhusten, bellend und sehr schmerzhaft, wie wenn es den Kehlkopf spalten oder zerreißen würde, Kinder halten beim Husten den Hals vor Schmerz, Atemnot mit schwerem Schleimrasseln.

✳ **Verdauungsorgane:** Übelkeit und Aufstoßen, Windkolik, übelriechende Blähungen. Durchfälle, besonders nach Salat und Gurken.

✳ **Harnorgane:** Harndrang mit reichlichem roten und heißen Harn.

✳ **Glieder:** Schmerzen wie bei Rheumatismus. Neuralgien mit Schmerzen wie ein Faden, Fersenschmerz.

Das alles macht deutlich, dass viele überlieferte therapeutische Anwendungen der Volksmedizin auch in die Homöopathie Eingang gefunden haben.

Haben Zwiebeln Nebenwirkungen?

Nebenwirkungen, wie man sie von manchen Arzneimitteln kennt, treten bei Zwiebeln nicht auf. Man kann und soll sie täglich als Gesundheitsvorsorge in ausreichender Menge – etwa 50 g – verzehren. Niemand wird Zwiebeln in den Mengen, in denen er Kartoffeln isst, konsumieren. Wer einen empfindlichen Magen hat und rohe Zwiebeln nicht verträgt, kann sie gekocht essen. Der große Vorzug der Zwiebel ist, dass ihre Heilwirkung in jeder Zubereitungsart erhalten bleibt.

Zwiebeln können Sie ohne Angst vor Nebenwirkungen verzehren. Wer allerdings einen empfindlichen Magen hat, sollte gekochten Zwiebeln stets den Vorzug geben.

Was ist mit den Tränen?

Dagegen ist wohl kein Kraut gewachsen. Tränen gehören zur Zwiebel wie das Salz zur Suppe. Es gibt immer wieder findige Zeitgenossen, die mit allerlei Tricks versuchen, den Druck auf die Tränendrüse zu unterbinden. Manchmal soll eine Brille helfen, manchmal kaltes Wasser – meistens hilft nichts. Probieren Sie es selbst aus, denn jeder reagiert anders. Oder trösten Sie sich mit dem Griechen Dioskurides, der schon im Altertum festgestellt hatte, dass Zwiebeln gut für trockene Augen sind.

Fragen wir die alten Arzneibücher nach weiteren »Nebenwirkungen«. Im »Gart der Gesuntheit« von 1485 heißt es dazu über die Zwiebeln: »In zu großen Mengen genossen, führen sie zu Blähsucht und bringen Winde, schädigen den Magen und machen appetitlos.« Und in dem »Kreutterbuch« von Adamo Lonicero steht die Warnung: »Bei zu viel Zwiebeln besteht die Gefahr der Lethargie, Depression und Lustlosigkeit.« Ähnliches hat später sein holländischer Kollege Rembert Dodoens niedergeschrieben: »Zu viel gegessen verursachen Zwiebeln Kopfschmerzen und lassen sämtliche Sinne abstumpfen.«

Die Zwiebel
in der Küche

Zwiebeln immer erst kurz vor dem Gebrauch schälen, da sie rasch an Aroma verlieren.

Bevor Sie Zwiebeln einkaufen, sollten Sie bereits wissen, wofür Sie sie verwenden möchten.

Es vergeht wohl kaum ein Tag, an dem die Zwiebel im Haushalt nicht in irgendeiner Form benötigt wird. Am häufigsten wird sie natürlich in der Küche bei der Essenszubereitung verwendet; sei es als Rohkost, sei es als Gewürz oder Gemüse. Dabei sollte man jedoch einige Regeln beachten, denn der richtige Umgang mit der Zwiebel ist die Voraussetzung dafür, dass schmackhafte Gerichte entstehen.

Worauf man beim Einkauf achten muss

Wer Zwiebeln kauft, muss sich zunächst darüber im Klaren sein, wozu er sie verwenden möchte. Sollen es nur Zwiebeln als Haushaltsvorrat sein, sind die Zwiebeln für einen Salat vorgesehen, für Gemüse, als Teil einer Speise oder als Würzbeilage für eine schmackhafte Suppe? Wenn man unter den zahlreich angebotenen Sorten zu wählen weiß, ist beim Einkauf schon viel gewonnen. Zwiebeln werfen sich nicht nur in weiße, rote, violette, gelbe und braune Schalen, sie unterscheiden sich auch in Form, Größe, Aroma und Geschmack. Im Allgemeinen sind die purpur- bis violettfarbenen und weißen Zwiebeln die mildesten, die gelbbraunen die schärfsten. Im Laufe der Zeit ist die gewöhnliche Haushalts- oder Küchenzwiebel immer weiter kultiviert worden und man hat aus ihr Frühlingszwiebeln, Schalotten, Gemüsezwiebeln, Winterzwiebeln, weiße Zwiebeln und rote Zwiebeln gezüchtet.

DER EINKAUF VON ZWIEBELN

Worauf Sie beim Kauf frischer Zwiebeln unbedingt achten sollten
* Die Zwiebeln müssen prall und trocken sein
* Sie dürfen keine grünen Spitzen haben
* Sie dürfen sich nicht weich anfühlen
* Die Zwiebeln dürfen keinesfalls faule Stellen aufweisen

Als Nächstes sollten Sie unbedingt darauf achten, dass Sie frische Ware bekommen. Schauen Sie sich das Gemüse beim Einkaufen genau an; auch Zwiebeln können faulige Stellen haben! Frische Zwiebeln müssen prall und trocken sein, sie dürfen sich nicht weich anfühlen. Wenn die Zwiebeln grüne Spitzen haben, lassen Sie die Finger davon!

Wie man Zwiebeln richtig lagert

Als oberstes Gebot gilt: Zwiebeln mögen es trocken und müssen, wenn man sie nicht gleich verbrauchen will, entsprechend gelagert werden. Unsere normale mit einer pergamentähnlichen braunen Schale versehene Küchenzwiebel verträgt durchaus mehrere Wochen Lagerzeit; irgendwann macht sie uns allerdings durch grüne Keimtriebe deutlich, dass sie verbraucht werden muss.

In der Küche sind Zwiebeln am besten in einem Gitterkorb aufgehoben. Wer Platz in einem Vorratskeller hat, kann sie auch einzeln nebeneinander aufbewahren, vorausgesetzt, der Keller ist trocken. Diese Art der Lagerung hat den Vorteil, dass man schlecht gewordene Zwiebeln sofort entdeckt und aussortieren kann, bevor sie andere mit Fäulnis anstecken. Auch in der Küche müssen faul gewordene Zwiebeln sofort aussortiert werden, so wie man grundsätzlich alle Nahrungsvorräte regelmäßig prüfen sollte, ob sie noch in Ordnung sind.

Extratipp

Wenn Sie ein Netz Zwiebeln im Supermarkt kaufen, schütteln sie es. Wenn es leise raschelt, sind die Zwiebeln in Ordnung. Es ist natürlich immer besser, frische Ware auf dem Markt oder beim Gemüsehändler einzukaufen.

Denken Sie nicht, dass sich Zwiebeln im Kühlschrank länger frisch halten. Der Kühlschrank ist viel zu feucht und fördert den Fäulnis- und Schimmelprozess. In einem Haushalt mit wenig Platz ist statt dessen ein Lagerplatz bei den Kartoffeln besser. Damit die Zwiebeln ihr Aroma nicht an die Kartoffeln abgeben, empfiehlt es sich in diesem Fall, sie in eine Papiertüte zu packen – niemals in eine Plastiktüte! Die Aufbewahrung in Plastikbeuteln mögen Zwiebeln ganz und gar nicht; sie schwitzen darin, werden feucht und beginnen bald zu schimmeln.

Wer im eigenen Garten Zwiebeln anbaut, kann sich den schönen Brauch südlicher Länder zu Eigen machen und die Zwiebeln nach der Ernte mit dem Laub zu Zöpfen flechten und sie dann an der Hauswand oder auf dem Balkon zum Trocknen aufhängen.

Achten Sie bei der Lagerung der Zwiebeln darauf, dass sie stets trocken lagern und »atmen« können. Völlig ungeeignet ist der Kühlschrank oder eine Plastiktüte.

DIE LAGERUNG VON ZWIEBELN

Achten Sie darauf, die Zwiebeln
* trocken und luftig zu lagern
* niemals in den Kühlschrank zu legen
* in einer Papiertüte – auf keinen Fall in einer Plastiktüte aufzubewahren
* mit faulen oder schimmeligen Stellen sofort auszusortieren

Gewürz, Rohkost und Gemüse

Wie viele andere Gemüse ist auch die Zwiebel roh verzehrt am gesündesten. Am einfachsten ist es, sie als Gewürzzutat zuzubereiten: Für eine deftige Fleischbrühe wird sie nur geschält und kommt unzerteilt zum Fleisch, für andere Gerichte reibt man sie mit der Reibe direkt in das Essen oder püriert sie mit der Küchenmaschine; sie muss dann aber sofort dem Gericht hinzugefügt werden, da sie so zerkleinert schnell braun anläuft und an Geschmack und Aroma verliert.

Die meisten Zwiebelsorten kann man kühl, trocken und dunkel mehrere Monate lagern, empfindlicher sind lediglich die roten sowie die Frühlingszwiebeln.

Will man die Zwiebel als Rohkost zubereiten, ist einiges zu beachten. Ob sie für einen Salat verwendet werden soll oder als rohe Beilage zu Fleischgerichten – die Wahl der Zwiebelsorte spielt eine wichtige Rolle. Wer's mild bevorzugt, verwendet am besten rote Zwiebeln oder große weiße Gemüsezwiebeln. Wer es zart, aber würzig liebt, greift zur Frühlingszwiebel und wer's pikant mag, wird immer die Schalotte im Haus haben. Wenn Sie nun an Ihrem Wohnort alle diese Zwiebelsorten nicht bekommen, können Sie unsere heimischen Haushaltszwiebeln ein paar Minuten ins Wasser legen oder blanchieren, dann werden sie milder. Wer's hingegen scharf liebt, ist mit der Küchenzwiebel bestens bedient. Übrigens: Je weniger Wasser eine Zwiebel enthält, umso schärfer ist ihr Geschmack.

Bei der Zubereitung als Gemüse sind wiederum einige Punkte zu beachten. Generell gilt, dass man Zwiebelgemüse nur bei milder Hitze dünstet. Ob man Würfel oder Ringe schneidet,

Zwiebeln gibt's für jeden Geschmack: mild, zart, würzig, pikant, scharf – je nach Gusto.

wichtig ist, auf gleiche Dicke und Größe zu achten, damit die Stücke gleichmäßig garen. Jedes Zwiebelgemüse entwickelt ein feines und mildes Aroma. Je länger Zwiebeln geschmort werden, umso milder werden sie – selbst die kräftigsten und schärfsten Zwiebeln entwickeln einen milden, fast süßen Geschmack. Beim Dünsten sollten Sie die Zwiebeln nicht zu lange auf der Kochplatte stehen lassen. Sie bräunen leicht nach und schmecken dann bitter.

Welche Zwiebelart Sie für die Zubereitung Ihrer Speisen verwenden, ist letztlich reine Geschmackssache. Wichtig ist jedoch, dass Sie vom Einkauf bis zur Verarbeitung richtig mit »Ihrer« Zwiebel umgehen.

WELCHE ZWIEBEL ZU WELCHEM ZWECK?

Zwiebelart	Würze	Verwendung
Haushalts- oder Küchenzwiebel	Sehr würzig, scharf	Für alle Gerichte
Frühlingszwiebeln	Fein im Geschmack	Zum Rohessen, zu Tomaten, Gurken und aufs Brot
Weiße Zwiebeln	Mild, schmecken leicht nach Knoblauch	Als Rohkost und für Salate
Rote Zwiebeln	Sehr mild	Besonders für Salate
Gemüsezwiebel	Mild	Für Salate, Gemüse und gut zum Füllen
Schalotte	Sehr pikant	Zum Würzen sehr gut

Verarbeitungshinweise

Die Zwiebel gilt zwar als robustes Gemüse, aber wenn man mit ihr zu unsanft umgeht, verdirbt sie uns den Geschmack an ihr. Man sollte bei der Verarbeitung folgende Regeln beachten:
 ✳ Zwiebeln erst unmittelbar vor Gebrauch schälen und schneiden. Eine Zwiebel verliert rasch an Aroma und wird matschig, braun und bitter und schmeckt dann nicht mehr.

✳ Sind rohe Zwiebeln für einen Salat vorgesehen, dann sollte man sie nach dem Schneiden sofort mit der Salatsauce mischen.

✳ Für Salate, die länger durchziehen müssen, blanchiert man die Zwiebeln vorher (siehe Rezeptteil).

✳ Will man Zwiebeln rösten, rührt man sie am besten ständig um, sonst werden sie schwarz und bitter.

✳ Man sollte Zwiebeln immer bei geschlossenem Topf und niedriger Hitze dünsten.

Das Zwiebelschneiden

Richtiges Zwiebelschneiden will gelernt sein, es erfordert Geduld, ein scharfes Küchenmesser – und ein Taschentuch.

Ob man Ringe oder Würfel schneidet, die Ringe sollten immer gleich dick oder dünn, die Würfel stets gleich groß sein. Beim Zwiebelschneiden wird zunächst nur der Wurzelansatz abgeschnitten; dabei zieht man meistens gleichzeitig die erste papierartige Hautschicht mit ab.

Schneiden Sie den Stielansatz zunächst nicht ab, dann können Sie die Zwiebel besser festhalten. Als nächstes wird die Zwiebel gepellt und durch Wurzel und Stielansatz hindurch halbiert.

Extratipp

Kleine Zwiebeln lassen sich oft schwer abziehen. Hier hilft ein Trick. Spitze und Wurzelansatz abschneiden und die Zwiebeln ein bis zwei Minuten in kochendes Wasser legen, abtropfen und etwas auskühlen lassen. Dann lässt sich die Schale mit der darunter befindlichen Haut leicht entfernen.

EINE »ZWIEBELANEKDOTE«

In der Gegend um Bamberg gedeihen Zwiebeln besonders gut. Zu alten Zeiten, als Anbau und Ernte noch nicht maschinell erfolgten, musste vor der Ernte das Zwiebelkraut niedergetreten werden, um die Zwiebeln ernten zu können. Für diese Arbeit sammelten sich zur Erntezeit zahlreiche Bamberger als Zwiebeltreter auf den Feldern. Sie handelten sich dafür die Bezeichnung »Bamberger Zwiebeltreter« ein.

Benötigen Sie Zwiebelwürfel, legen Sie die halbierte Zwiebel auf ihre Schnittfläche, fassen sie mit einer Hand am Stielansatz und schneiden die Zwiebel zum Stiel hin in dünne parallele Streifen, wobei die Schnitte etwa einen Zentimeter vor dem Stil enden sollten; so fällt die Zwiebel nicht auseinander. Anschließend schneiden Sie quer von der Wurzel her durch die Schnitte.

Zwiebeln aushöhlen

Gefüllte Zwiebeln sind ein lukullischer Leckerbissen. Pikante Zubereitungsvarianten finden Sie im Rezeptteil (Seite 106ff.)

Große Gemüsezwiebeln eignen sich gut zum Füllen. Dazu müssen sie vorher ausgehöhlt werden. Zunächst kocht man die gepellten Zwiebeln eine halbe Stunde in Salzwasser und lässt sie anschließend abkühlen. Danach schneidet man den Wurzelansatz ab, damit die Zwiebel eine Standfläche hat, und zieht die glatte Haut ab, so dass die Zwiebel nicht mehr wegrutscht. Am oberen Teil einen Deckel abschneiden, die Zwiebel in eine Hand legen und mit einem scharfkantigen Löffel das Innere vorsichtig ausheben. Achten Sie darauf, dass innen eine Rundung entsteht und die Schichten der Zwiebel nicht auseinander fallen. Zwiebeln in diesem Zustand nicht stehen lassen, sondern so rasch wie möglich verarbeiten, damit sie nicht anlaufen.

ZWIEBELN KANN MAN EINFRIEREN

Küchenzwiebeln und die großen milden Gemüsezwiebeln eignen sich besonders gut zum Einfrieren. Vorher dünstet man die Zwiebeln, lässt sie anschließend völlig auskühlen und füllt sie dann portionsweise in Gefrierbeutel. Wenn man die Beutel flach drückt, nehmen sie wenig Platz im Gefrierschrank ein und sie tauen nach dem Herausnehmen schneller auf. Gehackte frische Zwiebeln am besten in Kunststoffdosen einfrieren, damit sie beim Auftauen nicht matschig werden.

Wie man den Zwiebelgeruch vermeiden kann

Jeder von uns weiß, dass die Küche rasch vom Geruch der Zwiebel erfüllt ist, wenn sie einmal angeschnitten ist. Auch Hände und Küchenbretter riechen danach.

Mit Zitrone gegen Zwiebelduft

Gegen den Zwiebelgeruch kann man jedoch etwas tun. Nach dem Zwiebelschneiden wäscht man sich die Hände gründlich mit Seife. Bleibt an den Fingern dennoch Zwiebelgeruch haften, nehmen Sie am besten eine Zitrone. Die Zitrone schneiden sie in der Mitte durch und reiben Ihre Finger mit dem Fruchtfleisch ab.

Um Zwiebelgeruch auf Schneidebrettchen zu vermeiden, verwendet man am besten solche aus Kunststoff, denn Kunststoff nimmt den Zwiebelgeruch kaum an und man kann sie im Geschirrspüler säubern. An Holzbrettchen lässt sich der Zwiebelgeruch nur mildern, wenn man das Brett vor dem Zwiebelschneiden nass macht.

Zwiebelgeruch haftet hartnäckig an Schneidebrettchen und Fingern. Wenn Spülmittel oder Seife nicht ausreichen, sollten Sie es mit Zitrone versuchen.

TIPPS GEGEN TRÄNEN UND GERUCH

Vor dem Zwiebelschneiden
* Zwiebel kurz unter fließendes kaltes Wasser halten
* Holzschneidebrettchen nass machen, besser Kunststoffbrettchen verwenden

Während des Zwiebelschneidens
* Brille aufsetzen

Nach dem Zwiebelschneiden
* Kunststoffbrettchen in der Spülmaschine oder mit Bürste oder Spülmittel gründlich säubern
* Holzbrettchen gründlich mit Bürste und Spülmittel schrubben
* Hände mit Zitronenfleisch abreiben

Zwiebelrezepte

Viele Salate bekommen erst durch Zwiebeln den richtigen Pfiff.

Seit 1653 findet alljährlich im Oktober der Weimarer Zwiebelmarkt statt. Die Stadt der deutschen Klassik ist also auch eine Hochburg der Zwiebel. Kein Wunder, dass der Zwiebel ein eigener Markt gewidmet wird; denn wohl kein anderes Gemüse kann mit derart vielfältigen Eigenschaften aufwarten. Die Zwiebel mit ihren zahlreichen Varianten ist das wichtigste Würzgemüse der Welt. Ohne Zwiebeln wäre die Kochkunst aller Länder dieser Welt nicht viel wert, und so gehören in ein Buch über die Heilkraft der Zwiebel notwendigerweise auch einige Zwiebelrezepte.

Leckerbissen und Gesundbrunnen für Feinschmecker

Zwiebeln sind heute aus unserer Küche nicht mehr wegzudenken. Ob Drei-Sterne-Koch oder Hobbykoch, keiner kommt ohne die »tolle Knolle« aus.

Den Zwiebelgeruch nimmt inzwischen jeder Gesundheitsbewusste in Kauf. Während Knoblauch »nur« als Gewürz Verwendung findet, wird die Zwiebel als Gewürz wie als Gemüse gleichermaßen geschätzt. Kein Wunder, dass ihr schon immer auch heilende und vor Krankheiten schützende Wirkungen nachgesagt wurden, die jetzt sogar nachgewiesen worden sind. Der Zwiebel gebührt also ein Stammplatz auf unserem täglichen Speisezettel. Es gibt unzählige Rezepte, in denen die Zwiebel eine tragende Rolle spielt und kein Meisterkoch kann auf die »tolle Knolle« verzichten. In der Haute Cuisine ist sie genauso zu Hause wie in der rustikalen Küche. Manchmal tritt sie auch als Hauptdarstellerin auf und Gerichte, die ihren Namen tragen, verdienen auf jeden Fall Beachtung.

Die kulinarische Wertschätzung der Zwiebel

Trotz zahlreicher Nutzungsmöglichkeiten ist die Zwiebel seit je in verschiedenen Ländern unterschiedlich populär gewesen. Traditionell hat sie in den östlichen Ländern Europas und den Mittelmeerländern schon immer einen festen Platz in der Küche eingenommen. In anderen Gegenden wurde eher die Nase gerümpft über dieses etwas ordinäre Kraut. Doch da man auf die würzende Kraft der Zwiebel auf keinen Fall verzichten wollte, schloss man Kompromisse: Man brachte dieses einfache und stark riechende Gemüse geschickt versteckt in den edlen Tafelgerichten unter.

Die Rezepte sollen Sie anregen, Familie oder Freunde einmal mit Zwiebelgerichten zu verwöhnen. Kreieren Sie auch neue Gerichte, Ihre Gäste werden es zu schätzen wissen.

»Zwiebelkult«

Heute wird die Zwiebel als Gewürz und Gemüse überall hoch geschätzt – ganz besonders bei Menschen, die gern und gut essen und sich mit der Zubereitung von schmackhaften Speisen beschäftigen. Zu verstecken braucht sie sich wirklich nicht mehr, wie die vielen Rezepte rund um die Zwiebel beweisen. Manche Menschen betreiben mit der Zwiebel sogar einen regelrechten Kult. Ist es nicht schon eine Wissenschaft für sich, wie man welche Zwiebel für welchen Salat schneidet? Die Techniken reichen von ganz feinen Würfelchen bis hin zu zarten Ringen. Ob Frühlings- oder Perlzwiebel, ob rote, gelbe, weiße Zwiebel oder Schalotte, ob scharf oder mild, ob aus heimischen Landen oder aus dem Süden – Feinschmecker auf der ganzen Welt wählen die Zwiebel für bestimmte Speisen ganz bewusst nach Würze und Herkunft.

Schauen wir auf den folgenden Seiten also einmal, was den Menschen an Zwiebelgerichten so alles eingefallen ist. Werfen wir einen Blick in die Kochtöpfe unserer Nachbarn im Osten, Westen, Norden und Süden. Wir werden sehen, wie die Zwiebel unsere Küche bereichert hat.

Potpourri von Zwiebelsuppen

Für Zwiebelsuppen gibt es zahlreiche Rezeptvariationen. Sie schmecken nicht nur gut, sondern lassen sich als Hauptgericht oder als Vor- oder Zwischenspeise servieren. Als es noch die alten Markthallen in Paris gab, galt es als schick, sich nach einer durchfeierten Nacht zur Zwiebelsuppe in einem der umliegenden Lokale der Hallen zu treffen. Denn kluge Nachtschwärmer wussten aus Erfahrung, dass eine Zwiebelsuppe kleine Wunder zu bewirken vermag. Sie beruhigt den durch Alkohol und Zigaretten strapazierten Magen, vertreibt die Müdigkeit, schafft Wohlbehagen und weckt neue Lebensgeister.

ZWIEBELSUPPE

Zutaten

Für vier Personen
3/4 kg Gemüse-
zwiebeln
1 Bund Suppengrün
250 g durchwach-
sener Speck
1 l Rinderbrühe
60 g Butter
1 Tasse Weißwein
2 Scheiben Graubrot
150 g geriebener
Emmentaler
2 Lorbeerblätter
2 Wacholderbeeren
Salz, Pfeffer
Kümmel

1
Zwiebeln, geputztes Suppengrün und Speck in kleine Würfel schneiden. Brot würfeln.

2
Suppengrün, Lorbeerblätter, Wacholderbeeren, Pfeffer und Kümmel in der Brühe 30 Minuten kochen.

3
In einem Topf oder einer Kasserolle den Speck auslassen und die Zwiebeln in der Hälfte der Butter glasig dünsten. Die Brotwürfel in einer Pfanne im restlichen Fett rösten.

4
Fertige Brühe auf die Speck-Zwiebel-Mischung gießen. Zugedeckt 20 Minuten kochen. Den Wein zugießen und mit Pfeffer und Salz würzen.

5
Suppe in vier Tassen füllen, die Brotwürfel hineinsetzen, mit dem geriebenen Käse garnieren. Im vorgeheizten Backofen bei 250 °C etwa fünf bis zehn Minuten goldbraun überbacken.

FRANZÖSISCHE ZWIEBELSUPPE

Zutaten

1

Die Zwiebeln schälen und in feine Streifen schneiden. In der Pfanne in Butter glasig schmoren (oder leicht anbräunen). Salzen, pfeffern, mit Mehl bestäuben, dann die heiße Fleischbrühe dazugeben und alles 20 Minuten auf kleiner Flamme kochen lassen. Backofen auf 250 °C vorheizen.

2

Das Weißbrot in feuerfeste Suppentassen schichten, mit der Zwiebelsuppe auffüllen und den geriebenen Käse darüber streuen. Je nach Geschmack Wodka oder Cognac hinzufügen.

3

Im vorgeheizten Backofen kurz (etwa fünf bis zehn Minuten) goldgelb überkrusten.

Für sechs Personen
1/2 kg Zwiebeln
1 bis 1 1/2 l Fleisch-
brühe
1 EL Mehl
40 g Butter
250 g Weißbrot in
Scheiben
geschnitten
50–80 g geriebener
Gruyère
Salz, Pfeffer
Evtl. ein Glas Wodka
oder Cognac

Mittlerweile ist sie international bekannt und geschätzt: die klassische Französische Zwiebelsuppe.

Erinnert an den letzten Italienurlaub – und ist außerdem gesund: Toskanische Zwiebelsuppe mit Salami und Bauernbrot.

Zutaten

Für sechs Personen
1 kg rote Zwiebeln
1/2 kg frische Rippchen vom Schwein
50 g durchwachsener Speck
50 g fette italienische Salami
2 Bund Suppengrün
oder:
2 Möhren, 2 Staudensellerie, 1 Bund Petersilie
2 frische Knoblauchzehen
6 Scheiben Bauernbrot
Knoblauchbutter
5 EL Olivenöl
Salz, Pfeffer

TOSKANISCHE ZWIEBELSUPPE

1

Zwiebeln schälen und (bis auf eine) in Scheiben schneiden, zudecken. Speck und Salami würfeln. Beiseite stellen.

2

Schweinerippchen salzen und pfeffern und mit dem Gemüse und der restlichen Zwiebel in ein bis zwei Liter Wasser garen.

3

Salami und Speck in Öl anbraten. Nach und nach die Zwiebelringe und den klein geschnittenen Knoblauch dazugeben und glasig dünsten.

4

Schweinerippchen aus der Brühe nehmen, Brühe durchsieben und zu den gedünsteten Zwiebeln geben und den Sud bei schwacher Hitze eine Dreiviertelstunde ziehen lassen. Fleisch in Würfel schneiden, eventuell mit Salz und Pfeffer nachwürzen, und in die Suppe geben.

5

Das Bauernbrot mit der Knoblauchbutter bestreichen, im Ofen knusprig backen und anschließend mit der heißen Suppe servieren.

ZWIEBELCREMESUPPE

1

Die Zwiebeln schälen, in Würfel schneiden. Cashewnüsse ohne Fett in der Teflonpfanne oder nur mit wenig Fett rösten und warm stellen.

2

Zwiebeln in nicht zu heißem Öl in einem großen Topf auf mittlerer Flamme glasig dünsten. Das Mehl darüber stäuben, mit etwas Fleischbrühe unter Rühren ablöschen. Restliche Brühe nach und nach hinzugeben und 5 bis 10 Minuten sämig rühren. Mit Sherry, Pfeffer und Cayenne würzen.

3

Suppe durch ein Sieb streichen oder im Mixer pürieren, Sahne hinzugeben.

4

In Tassen füllen und mit den gerösteten Cashewnüssen garnieren.

Für vier Personen
650 g Zwiebeln
3 EL Oliven- oder Keimöl
2 EL Mehl
1 1/2 l Fleischbrühe, 1/8 l Sahne
1/2 TL Salz
Frisch gemahlener weißer Pfeffer
1 Msp. Cayennepfeffer
50–70 g Cashewnüsse
1 Glas Sherry

GEBUNDENE ZWIEBELSUPPE

1

Die Zwiebeln schälen und fein hacken. Die Milch zum Kochen bringen, vom Herd nehmen.

2

Die Butter zerlassen. Die Zwiebeln glasig dünsten, Mehl darüber und umrühren. Mit etwas Wasser ablöschen, dann heiße Milch hinzugeben und würzen.

3

Die Suppe 20 bis 30 Minuten auf kleiner Flamme köcheln lassen.

4

Eigelb vom Eiweiß trennen, mit der Crème fraîche verquirlen und in die vom Herd gezogene Suppe geben. Mit Petersilie garnieren und mit dem getoasteten Brot servieren.

Für zwei Personen
300 g Zwiebeln
2–3 Eier
(je nach Größe)
1 l Milch
2 EL Butter
1 EL Mehl
Salz, Pfeffer
1 Bund Petersilie
Baguette
1 Becher Crème fraîche

Beliebte Varianten des Zwiebelkuchens

Wo Wein angebaut wird, gibt es auch Zwiebelkuchen. Man isst ihn zum neuen Wein, der noch süß oder schon räs (sauer) ist. Das schmeckt einmalig gut. Die Elsässer behaupten von sich, den Zwiebelkuchen erfunden zu haben. Doch auch im Schwabenland, in Baden, in der Pfalz und in Franken wird Zwiebelkuchen sehr geschätzt. Sogar die Hessen können mit einem einfallsreichen Rezept aufwarten.

Zutaten

ZWIEBELKUCHEN AUF DEM BLECH

FÜR DEN TEIG
375 g Mehl
30 g Hefe
1/8 l Öl,
1 Prise Salz

FÜR DEN BELAG
2 kg Zwiebeln
150 g Butter
150 g durchwach-
sener Speck
6 Eier
2 Becher süße
Sahne
Pfeffer, Salz
Kümmel

1

Mehl in eine Schüssel geben und eine Delle eindrücken.

2

Hefe in lauwarmem Wasser verrühren, in die Delle füllen, gehen lassen, dann mit Öl und Salz zu einem Teig kneten und erneut eine halbe Stunde ruhen lassen.

3

Währenddessen den Speck in Würfel schneiden, die Zwiebeln schälen. Ebenfalls in Würfel schneiden und in der Butter glasig dünsten. Abkühlen lassen.

4

Eier und süße Sahne gut vermischen, unter die Zwiebeln ziehen, salzen und pfeffern.

5

Blech mit Butter einfetten. Den Teig ausrollen und das Blech damit auslegen, Rand hochziehen und mit dem Messer Ritze einstechen. Den Teig fünf Minuten gehen lassen.

6

Die Zwiebelmasse auf den Teig streichen, die Speckwürfel darüber verteilen und im Backofen bei 220 °C 30 bis 40 Minuten goldbraun backen.

ELSÄSSER ZWIEBELKUCHEN

1

Mehl sieben und eine Mulde eindrücken. Butter, Ei, Salz vorsichtig in das Mehl einarbeiten und zum Teig kneten. Teig eine Stunde ruhen lassen.

2

Teig gleichmäßig ausrollen, in eine Springform geben und mehrmals mit einer Gabel einstechen.

3

Für den Belag Zwiebeln schälen, sehr fein hacken und in dem Gänseschmalz bei schwacher Hitze glasig schmoren. Mehl, Muskat, Pfeffer und Salz dazutun und fünf Minuten auf unterster Flamme köcheln lassen. Die Eier verquirlen und unterrühren. Die Crème fraîche unterziehen und die Zwiebelmasse auf den Teig streichen. Kuchen 20–30 Minuten bei 220°C backen.

Zutaten

FÜR DEN TEIG
250 g Mehl
125 g weiche Butter
1 Ei
1 Prise Salz
1 EL Wasser

FÜR DEN BELAG:
1 kg Zwiebeln
2 EL Gänseschmalz
2 Eier, 1 EL Mehl
1 Becher Crème fraîche
Muskatnuss
Pfeffer, Salz

ELSÄSSER ZWIEBELTORTE

1

Teig wie beim Zwiebelkuchen anfertigen.

2

Zwiebeln in feine Scheiben schneiden und mit 1/2 Tasse Wasser unter ständigem Rühren dünsten. Dann 50 g Butter zugeben und mit dem Mehl bestäuben. Eier mit Sahne verquirlen, salzen, pfeffern und unter die Zwiebeln rühren.

3

Teig auf dem Boden der Form ausrollen, Zwiebelmasse daraufgeben und nochmals mit Sahne übergießen.

4

Backen wie beim Zwiebelkuchen.

Zutaten

Für vier Personen
250 g Mehl
125 g Butter
1 Ei
Salz
1 EL Wasser
1 kg Zwiebeln
1/2 Tasse Wasser
50 g Butter
3 EL Mehl
Salz, Pfeffer
2–3 Eier
100 g Sahne

SCHWÄBISCHER ZWIEBELKUCHEN

Zutaten

*Für vier bis sechs
Portionen*
FÜR DEN TEIG
250 g Mehl
1 Prise Salz
20 g Hefe
6 EL Öl
*1/8 l lauwarme
Milch*
*30 g Butter zum Ein-
fetten der Spring-
form*
FÜR DEN BELAG:
2 kg Zwiebeln
*150 g durchwach-
sener Speck*
3 große Eier
2 EL Öl
*1 Becher saure
Sahne*
gestoßener Kümmel

1

Mehl in eine Schüssel geben, eine Mulde eindrücken und die Hefe in Stücken mit der warmen Milch, dem Öl und dem Salz hineingeben, gehen lassen.

2

Anschließend einen glatten, geschmeidigen Teig kneten und ihn zugedeckt noch-mals für eine Stunde in Ruhe gehen lassen.

3

Den durchwachsenen Speck in kleine Würfel schneiden, Zwiebel schälen und ebenfalls in feine Würfel schneiden. Backofen auf 200 °C vorheizen.

4

Zwiebeln in Öl glasig dünsten und etwas abkühlen lassen. Danach die Eier und die saure Sahne unterrühren und mit Salz, etwas Pfeffer, Kümmel und Petersilie würzen.

5

Eine Springform mit der Butter einfetten. Den Hefeteig noch einmal kurz durchkneten und dünn ausrollen. Die Zwiebel-masse darauf verstreichen und die Speckwürfel darüber verteilen. Den Kuchen im vorgeheizten Ofen bei 200 °C eine Stunde backen, bis er an der Oberfläche goldbraun ist. Heiß servieren.

Zwiebel ist nicht gleich Zwiebel. Zwie-beln so unter-schiedlich ihr Erscheinungs-bild, so unter-schiedlich sind sie im Ge-schmack.

FRANKFURTER ZWIEBELKUCHEN

Zutaten

*Zutaten für ein
Blech*

FÜR DEN TEIG

500 g Mehl

250 g Fett

1 Ei

1 EL Wasser

10 g Salz

5 g Zucker

FÜR DEN BELAG

650 g Zwiebeln

300 g Dörrfleisch

*2 Paar Frankfurter
Würstchen*

6 Eier

1/2 l Milch

2 EL Stärkemehl

Salz, Pfeffer

Muskat

Paprikapulver

200 g Emmentaler

1

Mehl sieben, Butter in Würfel schneiden und mit Ei, Wasser, Salz und Zucker zu einem Teig kneten; mindestens 3 Stunden kühl stellen.

2

Zwiebeln in dünne Ringe, Würstchen in Scheiben schneiden und Käse reiben.

3

Backofen auf 180 °C vorheizen.

4

Würstchen und die Zwiebeln in einer Pfanne dünsten, darauf achten, dass die Zwiebeln nicht braun werden. Abkühlen lassen.

5

Die Milch mit den Eiern, Stärkemehl und dem geriebenen Käse, Salz, Pfeffer, Muskat und Paprika verrühren und anschließend mit der Zwiebelmasse und den Frankfurter Würstchen mischen.

6

Leicht gefettetes Backblech mit dem Teig auslegen und am Rand hochziehen. Die Masse auf dem Kuchen gleichmäßig verteilen.

7

In den vorgeheizten Backofen schieben und bei 180°C etwa 45 Minuten goldbraun backen.

Zutaten

FRANZÖSISCHER ZWIEBELKUCHEN

Für vier Personen
FÜR DEN MÜRBE-
TEIG
200 g Mehl
100 g Butter
Salz
1 Msp. Muskat
2 EL Wasser

FÜR DEN BELAG
500 g weiße milde
Zwiebeln
2 EL Olivenöl
geriebener Fenchel-
samen
1/2 l Schlagsahne
3 Eier
2 EL Kräuter der
Provence

1

Teig zubereiten: Butter
auslassen, kalt werden
lassen. Anschließend Mehl
und Butter zu einem
mürben Teig verkneten, in
Alufolie einwickeln und
über Nacht kühl stellen.

2

Die Zwiebeln in dünne
Scheiben schneiden und in
Öl bei schwacher Hitze
glasig dünsten. Salzen,
pfeffern, mit dem
Fenchelsamen und 1 EL
Mehl bestreuen.

3

Eine Tortenform ausbuttern
und mit Mehl ausstreuen.

4

Die Milch zu den
Zwiebeln gießen und einige
Minuten unter Rühren
aufkochen lassen, bis die
Masse cremig wird.
Dann den Topf vom
Herd nehmen und die
mit den Eiern, Kräutern
und Salz verquirlte
Sahne in die Zwiebelcreme
einrühren.

5

Tortenboden mit dem
Teig auslegen und die
Zwiebelcreme darüber
gießen. Kuchen bei mäßiger
Hitze (180°C) etwa
45 Minuten im Ofen
backen.

**Ein Klassiker nicht
nur im Herbst:
Französischer
Zwiebelkuchen aus
dem Elsass.**

WENN GÄSTE KOMMEN

Wenn Sie auch Ihre Gäste von den Vorzügen der Zwiebelküche überzeugen wollen, empfehlen wir Ihnen das folgende Rezept, einen wohlschmeckenden Zwiebelauflauf mit gekochtem Schinken und Bergkäse. Dass man Zwiebeln nicht nur als Gewürz verwenden, sondern auch eigenständige Gerichte damit zubereiten kann, überzeugt immer mehr Genießer. Bestimmt auch Ihre Gäste!

Kleinigkeiten, schnell zubereitet

ZWIEBELAUFLAUF

Zutaten

1

Zwiebeln schälen, würfeln und bei milder Hitze kurz dünsten. Schinken in Streifen schneiden und knusprig braten. Den Schinken und die Zwiebeln in eine Auflaufform geben.

2

Aus 40 g Mehl und der Butter eine Mehlschwitze zubereiten und mit Milch (1/4 l) ablöschen. Die Sauce unter Rühren zehn Minuten auf kleiner Flamme kochen lassen. Käse, Salz, Pfeffer und Muskat hinzufügen und ein paar Minuten weiter rühren.

3

Backpulver mit dem restlichen Mehl (60 g) vermischen, mit den Eiern und etwas Milch verrühren und zur Sauce geben. Käsesauce in die Auflaufform füllen und bei 220°C 20 bis 30 Minuten im Backofen goldbraun backen.

Für vier Portionen
400 g Zwiebeln
200 g gekochter Schinken
30 g Butter
100 g Mehl
1 TL Backpulver
3 Eier
1/2 l Milch
150 g geriebener Französischer Bergkäse
Frisch geriebene Muskatnuss,
Salz, Pfeffer

Zutaten

Für vier Personen
1 Packung
tiefgekühlten
Blätterteig (300 g),
3/4 kg Zwiebeln
Etwas Mehl
3 Eier
3 EL Olivenöl
100 g geräucherten
Speck
100 g geriebenen
Schweizer
Emmentaler
1/8 l süße oder
saure Sahne
Frisch gemahlener
Pfeffer
Frisch geriebene
Muskatnuss

ZWIEBELPASTETE (STRASSBURGER SPEZIALITÄT)

1

Blätterteig auftauen und zu Quadraten ausrollen. Auf ein nasses Backblech legen. Den Teigboden an mehreren Stellen mit einer Gabel einstechen, dann die Eier trennen und den Teig mit Eiweiß bepinseln. Die Eigelbe beiseite stellen.

2

Zwiebeln schälen, in Scheiben schneiden. Speck würfeln. Zwiebeln in heißem Öl glasig dünsten, mit Salz und Pfeffer würzen und den Speck hinzufügen. Masse über den ausgerollten Teig streichen, den Käse darüber streuen.

3

Die drei Eigelbe mit Sahne, Salz und Muskat verrühren und über den Käse gießen.

4

Im vorgeheizten Backofen (200°C) auf der untersten Schiene backen und heiß servieren.

Geräucherter Speck oder Schinken und Zwiebeln sind die Hauptzutaten für die Zwiebelpastete aus Strassburg.

ZWIEBEL-WURST-PFANNE

1

Kartoffeln in dünne Scheiben schneiden und fünf Minuten in der Brühe garen, abgießen und beiseite stellen. Erbsen auftauen.

2

Würstchen und Zwiebeln schneiden.

3

Eine große Pfanne nehmen, Würste in Öl anbraten, dann Zwiebeln zugeben und etwa fünf Minuten schmoren lassen. Bei Bedarf etwas Brühe hinzufügen.

4

Kartoffelscheiben und Erbsen in die Pfanne geben. Das Ganze gut durchrühren und schmoren lassen, bis das Gemüse die gewünschte Konsistenz hat. Falls erforderlich, Brühe zugießen. Mit Salz und Pfeffer aus der Mühle würzen.

5

Crème fraîche unterrühren und alles kurz aufkochen lassen. Zum Schluss die gehackte Petersilie in die Pfanne geben.

Für vier Personen
6 Schinkenwürstchen
200 g Zwiebeln
200 g Kartoffeln
300 g grüne Erbsen (TK)
1/2 l Brühe
1 Becher Crème fraîche
Petersilie
Salz, Pfeffer

NORDAFRIKANISCHES ZWIEBELOMELETT

1

Die Zwiebeln in dünne Scheiben schneiden und im Topf mit Olivenöl bei schwacher Hitze anbräunen. Mit Salz und Fenchelsamen würzen, zugedeckt bei niedrigster Hitze etwa 45 Minuten schmoren.

2

Die Eier mit Salz, Pfeffer, Zimt und den Rosinen verquirlen und den Zwiebelbrei dazugeben.

3

Öl erhitzen. Die Eimischung hinein gießen und das Omelett backen.

Für zwei Personen
4 Zwiebeln
6 Eier
4 EL Olivenöl
1 Prise Fenchelsamen
Etwas Zimt
1 EL Rosinen
1 EL getrocknete Minze
Salz, Pfeffer
Öl zum Backen

Schmackhafte Zwiebelfüllungen

Auch die Zwiebel kann man, wie Tomaten und Paprika, mit wohlschmeckenden Zutaten füllen. Die Zwiebel auszuhöhlen, ohne ihre Form zu zerstören, ist allerdings etwas schwierig. Lesen Sie im Kapitel »Die Zwiebel in der Küche« (auf Seite 88ff.), wie man dabei am geschicktesten vorgeht.

Bei Zwiebelfüllungen können Sie durchaus Ihrer Fantasie freien Lauf lassen. Es gibt fast keine würzige Füllung, die sich mit dem Geschmack der Zwiebel nicht verträgt. Es muss auch nicht immer Fleisch die Hauptzutat sein; denn unter Ihren Gästen, denen Sie gefüllte Zwiebeln vorsetzen möchten, sind vielleicht Vegetarier. Ein Tipp: Servieren Sie ein Potpourri von gefüllten Zwiebeln. So können Sie individuelle Geschmackswünsche erfüllen oder mit raffinierten Zwiebelfüllungen überraschen.

Zutaten

GEFÜLLTE ZWIEBEL MIT TOMATENSAUCE

Für vier Portionen
FÜR DIE
TOMATENSAUCE
1 Zwiebel
2 EL Olivenöl
1 kleine Möhre
1 Staudensellerie
1 kg Tomaten
Je 1 Zweig frischer
oder
1 TL getrockneter
Thymian und
Oregano
Salz, Pfeffer aus
der Mühle

Für die Tomatensauce

1

Zwiebel schälen und fein hacken. Die Möhre schälen, waschen und auf einer Reibe grob raspeln. Staudensellerie waschen, längs halbieren und in dünne Scheiben schneiden.

2

Olivenöl in einem Topf erhitzen. Darin das Gemüse zugedeckt bei schwacher Hitze zehn Minuten dünsten.

3

Die Tomaten kurz blanchieren, abkühlen lassen und häuten. Das Tomatenfleisch grob zerkleinern und zu dem Gemüse geben. Thymian und Oregano, Salz und Pfeffer hinzufügen und alles bei schwacher Hitze zugedeckt etwa 40 Minuten garen.

4

Dann die Tomaten pürieren und abschmecken.

All´ italiana ist unser Rezeptvorschlag für die gefüllten Gemüsezwiebeln. Da dürfen Olivenöl und Tomaten natürlich nicht fehlen.

Für die Füllung

1

Ungeschälte Zwiebeln in Salzwasser 20 bis 30 Minuten kochen. Herausnehmen, abkühlen lassen, schälen. Oberes Drittel als Deckel abschneiden. Zwiebelinneres aushöhlen, fein würfeln. Champignons putzen. Den Speck und die Champignons in kleine Würfel schneiden. Die Tomaten mit heißem Wasser übergießen, abkühlen lassen und die Haut abziehen. Fruchtfleisch in Würfel schneiden.

2

Für die Füllung Speck im Öl ausbraten und das gewürfelte Zwiebelfleisch darin glasig dünsten. Champignons und Tomaten dazugeben. Zehn Minuten offen einkochen. Salzen, pfeffern und die gehackte Petersilie unterziehen.

3

Die bereits vorbereitete Tomatensauce in eine feuerfeste Form gießen. Die Zwiebeln füllen, Deckel aufsetzen und in die Tomatensauce geben. Zugedeckt im Ofen bei 225°C etwa 15 bis 20 Minuten garen.

FÜR DIE FÜLLUNG
4 große Gemüsezwiebeln
100 g durchwachsener Speck
375 g Champignons
400 g frische Tomaten
3 EL Öl
1 Bund Petersilie
Salz, Pfeffer

ITALIENISCHE GEFÜLLTE ZWIEBELN

Zutaten

Für vier Portionen
4 große, milde weiße
Zwiebeln
250 g Rinderhack-
fleisch
1 Bund glatte
Petersilie
6 Salbeiblättchen
50 g geriebenen
Bergkäse oder
Parmesan
1 Ei
1 Glas Wein
(Rot- oder Weißwein,
nach Belieben)
2 EL Butter
3 EL Olivenöl
1 große Knoblauch-
zehe
1 EL Tomatenmark
4 EL Semmelbrösel
gemischte
Italienische Kräuter
Salz, Pfeffer aus
der Mühle

1

Zwiebeln ungeschält in kochendem Salzwasser 15 bis 20 Minuten (je nach Größe) kochen. Die noch nicht weichen Zwiebeln herausnehmen und etwas abkühlen lassen. Schälen, einen Deckel abschneiden, die restliche Zwiebel aushöhlen und beiseite stellen. Das ausgelöste Zwiebelfleisch und die Knoblauchzehe in Würfel hacken. Käse reiben. Backofen auf 200°C vorheizen.

2

In einer nicht zu heißen Pfanne 2 EL Olivenöl erhitzen. Die fein gehackten Zwiebeln und den Knoblauch zusammen mit zwei EL Semmelbröseln und dem Tomatenmark anrösten. Rinderhack bröselweise hinzufügen, die Masse mit Salz und Pfeffer aus der Mühle würzen, Wein hinzugießen und auf kleiner Flamme einköcheln. Vom Herd nehmen, abkühlen lassen.

3

Das Ei mit dem geriebenen Käse verquirlen und zu der Zwiebel-Hackfleisch-Mischung geben. Die italienischen Kräuter hinzufügen und diese Masse in die ausgehöhlten Zwiebeln füllen.

4

Eine feuerfeste Form einfetten. Zwiebeln hineinsetzen. In der Pfanne zwei EL Butter zerlassen und zwei EL Semmelbrösel darin hellbraun rösten. Brösel und einige Salbeiblätter über die Zwiebel streuen, mit Wein beträufeln und im Backofen bei 200°C etwa 45 Minuten garen. Dazu Reis servieren.

GEFÜLLTE ZWIEBELN NACH ORIENTALISCHER ART

1

Die ungeschälten Zwiebeln fünf bis zehn Minuten in Salzwasser kochen. Abkühlen lassen, häuten. Den oberen Teil der Zwiebel für den Deckel abschneiden. Die Zwiebel aushöhlen und beiseite stellen. Fladenbrot in der Milch einweichen.

2

Lammfleisch durch den Fleischwolf drehen (oder schon gehackt kaufen) mit Ei, Koriander, Rosinen, gehackten Mandeln und dem ausgedrückten Brot vermengen, die Mischung salzen und pfeffern und in die Zwiebeln füllen. Mit Paprika bestäuben und in einen mit dem Öl eingefetteten Topf setzen.

3

Zugedeckt eine Stunde im Ofen bei 220 °C garen. Die Zwiebeln auf einer Platte anrichten und mit Safranreis servieren.

Zutaten

Für vier Personen
4 große Zwiebeln
100 g Lammfleisch
1 Tasse gewürfeltes Fladenbrot
1 Glas Ziegen- oder Kuhmilch
1 Ei
4 EL Nussöl
1/2 Tasse Rosinen
1 Tasse abgezogene Mandeln
1 Prise gemahlenen Koriander
1 TL Paprikapulver
Salz, Pfeffer

Ungewöhnliche Geschmacksvariationen bieten die gefüllten Zwiebeln auf orientalische Art mit Lammfleisch und Rosinen.

Kleine Gaumenfreuden

FRITTIERTE ZWIEBELN

Zutaten

Für vier Personen
1/2 kg Perlzwiebeln
oder kleine Zwiebeln
1/2 Bund Petersilie
100 g Mehl
100 g Parmesan
1/2 Tasse Milch
2 Eier
2 Knoblauchzehen
Öl für die Fritteuse
Salz, Pfeffer

1

Zunächst den Käse reiben, dann die Zwiebeln schälen und Petersilie hacken.

2

Eigelbe von den Eiweißen trennen und mit Salz und Pfeffer und gepresstem Knoblauch verquirlen. Nach und nach Mehl und Milch (ersatzweise Wasser) dazugeben, umrühren, anschließend Käse unterrühren. Den Teig 30 Minuten ruhen lassen.

3

Zwiebeln schälen und in kochendem Salzwasser blanchieren, kalt abschrecken.

4

Petersilie unter den Teig mischen, Eiweiße steif schlagen und unterziehen.

5

In einer Fritteuse reichlich Öl erhitzen. Zwiebeln mit einer Gabel in den Teig tunken und dann im heißen Öl knusprig ausbacken.

REISBÄLLCHEN MIT ZWIEBELSALAT

Zutaten

Für vier Personen
FÜR DIE REIS-
BÄLLCHEN
200 g Reis
1/2 TL Sonnen-
blumenöl
1 Zwiebel
125 g Möhren
1/2 getrocknete
rote Chilischote
2 Knoblauchzehen
Kardamompulver
1 EL Koriander
gemahlener Kümmel
60 g Cheddar
Salz, Holzspieße

1

Reis kochen, abschrecken und abtropfen lassen.

2

Zwiebel hacken und in Öl goldbraun braten. Möhren reiben und mit Chili, Knoblauch, Kardamom, Koriander und Kümmel zu der Zwiebel geben und

unter Rühren solange garen, bis die Möhren weich sind. Reis, Käse und Salz hineinrühren und alles zu einer Masse zerdrücken.

3

Aus der Reismasse Bällchen formen, auf Spieße stecken und goldbraun braten oder grillen.

Für den Zwiebelsalat

1

Die beiden Zwiebeln in dünne Ringe schneiden, Paprika entkernen und in Stückchen schneiden.

2

Zwiebel und Paprika mit der abgeriebenen Zitronenschale, dem Zitronensaft, Salz, Pfeffer und Zucker vermischen und durchziehen lassen. Zu den Reisbällchen servieren.

FÜR DEN ZWIEBEL-SALAT
2 Zwiebeln
1 rote Paprikaschote
1 unbehandelte Zitrone
Salz, brauner Zucker

Zwiebelgerichte aus drei Ländern

Zwiebeln mit oder ohne Fleisch, das ist hier die Frage. Vielleicht schlägt bei der Entscheidung für eines der drei folgenden Gerichte aber auch das Herkunftsland zu Buche. Auf jeden Fall sind die Rezepte sehr unterschiedlich. Sie erfordern etwas Sorgfalt und Zeit, auch wenn das auf den ersten Blick nicht so erscheinen mag. Aber für ein gelungenes italienisches Zwiebelrisotto zum Beispiel lohnt sich der Aufwand.

ZWIEBELRISOTTO (ITALIEN)

1

Gemüsezwiebeln schälen und in dünne Scheiben schneiden.

2

Butter in einem großen Topf zergehen und aufschäumen lassen. Zwiebeln hinzugeben. Wenn sie glasig sind, den Reis in den Topf geben und ebenfalls glasig braten.

3

Etwas Fleischbrühe hinzugießen und unter ständigem Rühren garen. Safran hinzufügen. Immer, wenn die Brühe verdampft ist, neue hinzufügen, solange, bis der Reis gar ist. Dann frische Butter oder Margarine und den Parmesankäse hinzufügen und sofort servieren.

Zutaten

Für 4 Portionen
600 g Gemüse-zwiebeln
50 g Butter oder Margarine
200 g Risottoreis
1/2 l klare Brühe
1 Msp. Safran
100 g geriebener Parmesan

Gönnen Sie sich zum Zwiebelrisotto doch ein Glas Rotwein. Sie können bei der Zubereitung auch durchaus einen Schuß Rotwein zum Reis geben, er schmeckt dann würziger.

Für vier Personen
3/4 kg kleine
Zwiebeln
3/4 kg Schweine-
nacken
1/4 l Rinderfond
1 große Dose ge-
schälte Tomaten
Kräuter der
Provence
4 EL Pflanzenöl
1 EL Mehl
1/4 l Rotwein
Cayennepfeffer
Salz, Zucker

ZWIEBEL-ROTWEIN-GRATIN (FRANKREICH)

1

Fleisch waschen, in kleine Würfel schneiden. Die Zwiebeln schälen und vierteln. Kräuter waschen und klein hacken. Backofen vorheizen.

2

Das Pflanzenöl in einem Topf erhitzen und das Fleisch anbraten; die Zwiebeln dazugeben und dünsten. Das Mehl darüber stäuben, mit dem Rotwein ablöschen und den Rinderfond hinzugeben. Etwas einreduzieren lassen.

3

Die abgetropften Tomaten und Kräuter der Provence zum Zwiebelfleisch geben, mit Salz, Zucker und dem Cayennepfeffer würzen und erwärmen.

4

Anschließend alles im vorgeheizten Backofen bei 200°C ca. 30 Minuten überbacken.

BAMBERGER ZWIEBELN (DEUTSCHLAND)

Zutaten

1

Zwiebeln schälen und in der Fleischbrühe auf schwacher Hitze zehn Minuten kochen. Herausnehmen und abkühlen lassen. Dann die Deckel abschneiden, die Zwiebeln aushöhlen, innen leicht salzen und pfeffern und mit der Bratwurstmasse füllen. Die Deckel darauf setzen.

2

Die gefüllten Zwiebeln in eine feuerfeste Form geben. 1/4 l von der Fleischbrühe zugießen und zugedeckt im Backofen bei 200 °C 35 bis 45 Minuten garen. Während der letzten zehn Minuten Backzeit den Speck in einer Pfanne knusprig ausbraten.

3

Die Zwiebeln auf einer Platte anrichten. Das dunkle Bier mit der Sauce mischen und über die Zwiebeln gießen. Den gebratenen Frühstücksspeck auf die Zwiebeln legen und servieren.

Für 4 Portionen
8 große Zwiebeln
1/2 l Fleischbrühe
400 g Bratwurstmasse
150 g durchwachsener Speck
3 EL dunkles Bier
Salz, Pfeffer

Ein deftiges Gericht mit Blutwurst und Speck sind die Bamberger Zwiebeln. Vor allem in der kalten Jahreszeit zu empfehlen!

Zwiebeln und Kartoffeln

Wer gern kocht weiß, dass man Kartoffeln auf vielerlei Arten zubereiten kann. Sie sind fast ebenso vielseitig wie Zwiebeln – vielleicht schmecken aus beiden kombinierte Gerichte deswegen so gut.

Zutaten

Für vier Portionen
4 große Kartoffeln
4 Gemüsezwiebeln
500 g Sahnejogurt
1 Bund Schnittlauch
Salz
frisch gemahlener
weißer Pfeffer

OFENKARTOFFEL MIT ZWIEBEL-SCHNITTLAUCH-FÜLLUNG

1

Backofen auf 200°C vorheizen. Kartoffeln waschen, Zwiebeln halbieren. Kartoffeln zum Garen auf die mittlere Schiene des Backofens legen. Garzeit je nach Größe der Kartoffeln eine bis eineinhalb Stunden. Nach einer Dreiviertelstunde die Zwiebeln dazulegen.

2

Nach einer weiteren Dreiviertelstunde Zwiebeln und Kartoffeln aus dem Backofen nehmen, etwas abkühlen lassen und äußere Schale der Zwiebeln entfernen. Die Mittelteile herauslösen und beiseite stellen, den Rest der Zwiebeln grob hacken.

3

Die Kartoffeln der Länge nach halbieren und ebenfalls aushöhlen. Die entfernten Kartoffelteile zerdrücken und mit Jogurt, Schnittlauch, Salz und dem weißen Pfeffer vermischen.

4

Die ausgehöhlten Kartoffeln bis zur Hälfte mit dieser Masse füllen, die gehackten Zwiebeln darauf verteilen und mit der restlichen Kartoffelmasse zudecken. Die Teile aus dem Inneren der Zwiebeln um die Kartoffeln legen und für etwa 20 Minuten im Ofen backen. Herausnehmen und mit Schnittlauch garnieren.

ZWIEBEL-KARTOFFEL-PÜREE NACH STARKOCH SCHUHBECK

1
Gemüse schälen und feinwürfeln. Zwiebeln mit der ungeschälten Knoblauchzehe in Olivenöl glasig dünsten. Kartoffeln hinzufügen.

2
Mit Gemüsebrühe auffüllen, salzen und einen Rosmarinzweig hineinlegen. Alles auf kleiner Flamme köcheln, bis die

Kartoffeln gar sind und die Flüssigkeit fast verkocht ist.

3
Rosmarinzweig und Knoblauchzehe entfernen. Das Gemüse pürieren und mit Butter und Olivenöl abschmecken.

4
Die Nadeln des zweiten Rosmarinzweigs fein hacken und in das Püree rühren.

Zutaten

Für zwei Personen
4 mittelgroße
Kartoffeln
4 mittelgroße
Zwiebeln
1/2 l Gemüsebrühe
1 Knoblauchzehe
Olivenöl
40 g Butter
2 Rosmarinzweige
Salz

ZWIEBEL-KARTOFFEL–PÜREE NACH ALTEM FRANZÖSISCHEN REZEPT

1
Kartoffeln waschen, schälen, würfeln. Die Zwiebeln schälen und würfeln.

2
Kartoffeln und Zwiebel in Salzwasser weich kochen.

3
Wasser abgießen, die Kartoffel-Zwiebel-Masse pürieren.

4
Milch erhitzen, Butter, Salz und etwas Muskat hineingeben und nach und nach in die Kartoffelmasse einrühren.

5
Zum Schluss die zwei Eigelbe unterziehen (die Eiweiße werden nicht verwendet). Sofort servieren.

Zutaten

Für vier Personen
1/2 kg Zwiebeln
1/2 kg Kartoffeln
Etwa 1/4 l Milch
2 Eigelbe
1 EL Butter
Muskat
Salz

Die Zwiebel als Salat

Salate werden vor allem im Sommer sehr geschätzt. Auch dafür kann man Zwiebeln verwenden. Ihr Geschmack und ihr knackiger Biss runden einen Salat erst richtig ab, ob solo oder in Kombination mit anderem Gemüse, Wurst oder eingelegtem Fleisch. Zwiebelsalate sind im Übrigen sehr rasch zubereitet, wenn es einmal schnell gehen soll.

EINFACHER ZWIEBELSALAT

Zutaten

Für zwei Personen
1 Zwiebel
1 gelbe Paprika
1 unbehandelte Zitrone
Salz, Pfeffer
Zucker
Petersilie

1
Zwiebel in dünne Ringe schneiden, Paprika entkernen und in Stückchen schneiden.

2
Die Zwiebel und die Paprika mit abgeriebener Zitronenschale, Zitronensaft, Salz, Pfeffer und Zucker vermischen und durchziehen lassen. Gehackte Petersilie darüber streuen. Tipp: Statt mit Paprika schmeckt dieser Zwiebelsalat auch köstlich mit Champignons oder anderen Pilzen.

JUGOSLAWISCHER ZWIEBELSALAT

Zutaten

Für zwei bis vier Personen
400 g Zwiebeln
1 grüne, 1 rote Paprikaschote
3/4 Tasse Olivenöl
3 EL Kräuteressig
1 EL Zucker
1 TL gehackter frischer Thymian
Salz, Pfeffer

1
Zwiebeln schälen und in feine Ringe schneiden. Paprikaschoten waschen, halbieren, entkernen und in dünne Streifen schneiden. Beides fünf Minuten mit kochendem Wasser blanchieren. Im Sieb abtropfen lassen, dann abtupfen.

2
Olivenöl, Kräuteressig, Zucker, Salz, Pfeffer und den fein gehackten Thymian zusammenrühren und unter das Gemüse mischen. Vor dem Servieren eine Stunde oder länger im Kühlschrank ziehen lassen.

ZWIEBEL-TOMATEN-SALAT

1

Zwiebeln schälen und in hauchdünne Scheiben oder in Würfel schneiden. Die Zwiebelscheiben bzw. -würfel kurz mit heißem Wasser überbrühen, abgießen und abtropfen lassen.

2

Tomaten einritzen, ebenfalls kurz in heißem Wasser blanchieren und Haut abziehen, Tomaten abkühlen lassen und dann

in dicke Scheiben schneiden.

3

Aus Olivenöl, Estragonessig, Senf, Salz, Pfeffer und dem durchgepressten Knoblauch eine Marinade anfertigen und rühren, bis das Salz aufgelöst ist.

4

Zwiebeln und Tomaten zusammengeben und mit der Marinade übergießen.

Für zwei bis vier
Personen
4 mittelgroße
Zwiebeln
4 Tomaten
4 EL Estragonessig
2 EL kaltgepresstes
Olivenöl
1 Knoblauchzehe
1 TL milder Senf
1 TL Salz

Wenn Ihnen die normalen Küchen-zwiebeln zu scharf sind, können Sie auch rote Zwie-beln zum Salat geben.

Die Zwiebel – eine beliebte Beilage

ZWIEBELROSTBRATEN

Für vier Personen
1 kg Rinderlende
200 g Zwiebeln
150 g Bratfett
3 gestrichene EL
Mehl
Salz, weißer Pfeffer

1

Das Fleisch in vier Scheiben schneiden, platt klopfen und den Rand an mehreren Stellen einschneiden. Zwiebeln schälen und in feine Scheiben schneiden. Das Mehl salzen, pfeffern und die Fleischscheiben darin wälzen.

2

Das Fett in einer Pfanne erhitzen, die Rinderlendenscheiben darin auf jeder Seite drei Minuten braten. Fleischscheiben auf einer Platte warm stellen.

3

Die Zwiebelscheiben im Bratenfond knusprig braten und das Fleisch damit bestreuen. Kleiner Tipp: Wer die Zwiebeln besonders knusprig mag, kann sie auch mit etwas Mehl bestäuben und in der Fritteuse goldgelb ausbacken.

4

Bratenfond mit 1/2 Tasse Wasser löschen und die so entstandene Sauce zum Rostbraten reichen.

ZWIEBELHACKFLEISCH

Für zwei Personen
2 große Zwiebeln
300 g Hackfleisch
(Schwein und Rind
gemischt)
80 g durchwach-
sener Speck
2 EL Öl
2 EL Weinbrand
1/4 l saure Sahne
Pfeffer aus der
Mühle
Selleriesalz

1

Zwiebeln schälen, in Scheiben schneiden. Speck in Streifen schneiden. Fleisch pfeffern und salzen.

2

Speck anbraten, Zwiebeln dazugeben und goldbraun braten. Das Hackfleisch in Flocken in die Pfanne geben und mitbraten. Mit Weinbrand ablöschen, Sahne hinzufügen und alles drei Minuten dünsten. Möglichst heiß servieren.

ZWIEBELN GEDÜNSTET

1

Zwiebeln mit dem Öl in einen schweren Topf geben. Bei mittlerer Hitze erwärmen, Wein hinzugießen, ganz kurz stark aufkochen lassen.

2

Ohne Deckel im vorgeheizten Backofen bei 170°C etwa eineinhalb Stunden garen. Darauf achten, dass die Zwiebeln immer bis zur Hälfte mit Flüssigkeit bedeckt sind. Dann bei starker Hitze auf der Herdplatte kochen, bis die Sauce dickflüssig ist. Mit Salz und Pfeffer würzen und servieren.
Die gedünsteten Zwiebeln eignen sich als Garnierung für einen Braten, aber auch auf Roastbeef und Schwäbischen Maultaschen.

Zutaten

Für vier Personen
6–8 gleich große
Zwiebeln
1 EL Olivenöl
1 kleine Knoblauch-
zehe
1 Schuss Zitronen-
saft
1/8–1/4 l Rot- oder
Weißwein (je nach
Zwiebelmenge)

ZWIEBELSAUCE

1

Zwiebeln schälen und in Würfel schneiden.

2

Petersilie und Thymian hacken.

3

Zwiebelwürfel in dem erhitzten Olivenöl glasig dünsten. Fleischfond, Thymian und Meerrettich hinzufügen und kurz aufkochen.

4

Petersilie und Butter unterrühren und die Soße mit Salz, Pfeffer und Zucker abschmecken.

Zutaten

Für vier Portionen
300 g Zwiebeln
1/2 l Wasser
1/2 l Fleischfond
1 Bund Petersilie
Frischer Thymian
3 EL Olivenöl
1 EL Meerrettich
1 EL Butter
1 Prise Zucker
Salz
Pfeffer aus
der Mühle

FRANZÖSISCHE ZWIEBELSAUCE

Zutaten

*Für zwei Portionen
1 große Gemüse-
zwiebel oder
2 mittelgroße Zwie-
beln
1/4 l Milch
2 1/2 EL Butter
2 EL Mehl
Salz, weißer Pfeffer
Evtl. 1 Prise Zucker*

1

Zwiebeln schälen, in feine Scheiben schneiden. Milch erhitzen.

2

Mit zwei EL Butter, dem Mehl und der Milch in einem Topf eine helle Mehlschwitze bereiten. Sauce aufkochen und unter ständigem Rühren etwas köcheln lassen.

3

Inzwischen die

Zwiebelringe in Salzwasser blanchieren. Zwiebeln aus dem Wasser heben und in der restlichen Butter schmoren, jedoch nicht bräunen. Wenn sie weich sind, in die Sauce geben, umrühren, mit Salz und Pfeffer, eventuell mit Zucker würzen und weitere fünf Minuten köcheln lassen. Zu Lamm und Kalbfleisch servieren. Diese Sauce passt auch besonders gut zu Zunge und gekochtem Rindfleisch.

ZWIEBELGEMÜSE

Zutaten

*Für zwei bis vier
Personen
1/2 kg Zwiebeln
1/2 kg säuerliche
Äpfel
5 EL Olivenöl
1/8 l süße Sahne
1/2–1 TL Curry
2 TL Salz
1 TL Pfeffer*

1

Zwiebeln schälen und in feine Ringe schneiden. Äpfel schälen, Kerngehäuse entfernen und in feine Scheiben schneiden.

2

Das Olivenöl im Topf erhitzen, Zwiebeln und Äpfel dazugeben und 20 Minuten auf niedriger

Temperatur dünsten. Salzen und pfeffern. Beiseite stellen. Sahne mit dem Curry verrühren und darübergeben.

Tipp

Dieses Gemüse passt zu jeder Fleischsorte und -zubereitung. Ganz besonders gut schmeckt es zu Schweinefleisch und Leber.

ZWIEBEL-APFEL-ROHKOST

1

Die Zwiebeln schälen und in Ringe schneiden, die Äpfel raspeln.

2

Die Zitrone auspressen und die Sahne steif schlagen.

3

Die fein geschnittenen Zwiebelringe und die geraspelten Äpfel mit dem Zitronensaft und der steif geschlagenen Sahne vermischen. Mit Zucker abschmecken.

Zutaten

Für zwei Personen
2 Zwiebeln
2 Äpfel
Saft einer Zitrone
1/4 l süße Sahne
Zucker

Über dieses Buch

Impressum

Es ist nicht gestattet, Abbildungen und Texte dieses Buchs zu digitalisieren, auf PCs oder CDs zu speichern oder auf PCs/Computern zu verändern oder einzeln oder zusammen mit anderen Bildvorlagen/Texten zu manipulieren, es sei denn mit schriftlicher Genehmigung des Verlages.

Midena Verlag, Augsburg
© 1997 Weltbild Verlag GmbH
2. Auflage 1998
Alle Rechte vorbehalten

Redaktion: Barbara Zander / Michael Kraft
Bildredaktion: Miriam Zöller
Umschlag: Michel Keller, München

Layout: Christine Paxmann, München
DTP-Produktion: AVAK Publikationsdesign, München
Druck und Bindung: Offizin Andersen Nexö, Grafischer Großbetrieb, Leipzig

Gedruckt auf chlorfrei gebleichtem Papier

Printed in Germany

ISBN 3-310-00437-6

Der Autor des Buches

Ulrich Ravens, geboren 1940, arbeitete nach dem Studium der Germanistik und Philosophie viele Jahre als leitender Redakteur in verschiedenen Buch- und Zeitschriftenverlagen, bevor er sich als freier Wissenschaftsjournalist und Autor selbständig machte. Sein publizistischer Schwerpunkt sind seit über zehn Jahren medizinische Themen und alternative Heilmethoden. Ulrich Ravens lebt und arbeitet in München.

Haftungsausschluss

Die Inhalte dieses Buches sind sorgfältig recherchiert und erarbeitet worden. Dennoch können weder Autoren noch Verlag für alle Angaben im Buch eine Haftung übernehmen.

Die Deutsche Bibliothek – CIP Einheitsaufnahme

Ulrich Ravens
Die Kraft der Zwiebel. Verblüffend einfache Rezepte für Gesundheit und Wohlbefinden / Ulrich Ravens – Augsburg: Midena 1997
ISBN 3-310-00437-6

Bildnachweis

Jens Kron, Augsburg: 4, 5, 6, 9, 18, 27, 50, 72, 76, 80, 96, 99, 100, 104, 105, 108, 113, 117, 121, 123, 125; MEV Verlag GmbH, Augsburg: 69, 83, 85; PhotoPress Bildagentur GmbH, Stockdorf/München: 7 (Döhrn), 34 (Hapf); StockFood Bildagentur, München: 21; Studio für Illustration und Fotografie, Sascha Wuillemet, München: 10, 15, 23, 41, 47, 59, 111, 116; ZEFA Zentrale Farbbild Agentur GmbH, Frankfurt: 2 (Krecichwost), 12 (Krecichwost), 25 (Reinhard), 28 (RGN), 33 (Schumacher), 88 (Hackenberg), 91 (Rosenfeld), 106 (K+L Photodesign); Fotografie Manfred Dilling, Eurasburg: Titelbild und 16

Literatur

Carper, J.: Nahrung ist die beste Medizin. Düsseldorf 1989
Mezger, J.: Gesichtete homöopathische Arzneimittellehre. Heidelberg 1995
Naumann, R.: Bioaktive Substanzen. Die Gesundmacher in unserer Nahrung. Hamburg 1997
Schneider, E.: Nutze die Heilkraft unserer Nahrung. Hamburg 1985
Souci, S. W./Fachmann, W./Kraut, H.: Lebensmitteltabellen für die Praxis. Stuttgart 1991
Wagner, H./Bayer, Th./Dorsch, W.: Das antiasthmatische Wirkprinzip der Zwiebel Allium cepa L., in: Zeitschrift für Phytotherapie 9, 165–170 (1988)
Watzl, B./Leitzmann, C.: Bioaktive Substanzen in Lebensmitteln. Stuttgart 1995

Register

Register